CONTES DE LA MER ET DES GRÈVES

PAR

JEAN DE NIVELLE

(CHARLES CANIVET)

OUVRAGE ILLUSTRÉ DE SOIXANTE ET UNE GRAVURES

DESSINS HORS TEXTE

Par FERDINANDUS, A. GUILLEMET et C.-E. MATTHIS

776

PARIS

LIBRAIRIE FURNE

JOUVET ET Cⁱᵉ, ÉDITEURS

5, RUE PALATINE, 5

M DCCC LXXXIX

CONTES DE LA MER ET DES GRÈVES

CORBEIL. — IMPRIMERIE CRÉTÉ.

E. Matthis, inv. del.

CONTES DE LA MER ET DES GRÈVES

PAR

JEAN DE NIVELLE

(CHARLES CANIVET)

OUVRAGE ILLUSTRÉ

DE SOIXANTE ET UNE GRAVURES

COMPOSITIONS HORS TEXTE

Par FERDINANDUS, A. GUILLEMET, E. MATTHIS

F J

PARIS

LIBRAIRIE FURNE

JOUVET ET Cᴵᴱ, ÉDITEURS

5, RUE PALATINE, 5

M. DCCC LXXXIX

C.

DEUX MOTS DE PRÉFACE

Ce petit livre n'a point de grandes prétentions : il n'est guère autre chose que la réunion d'impressions sincères et durables, de souvenirs locaux, recueillis çà et là, par l'auteur, dans les champs et le long des côtes d'un pays qu'il aime, et où le passé, barbare si l'on veut, mais toujours grand, se dresse à chaque pas, et provoque des émotions artistiques incomparables.

Le littoral septentrional du département de la Manche, si différent, comme aspect, des côtes prochaines du Calvados, est une des régions riveraines les plus curieuses de la Basse-Normandie. Ici, fertile et riant comme un bocage, il se montre, plus loin, sombre et menaçant comme un chaos.

Le val de Saire, si ombreux, si verdoyant, si boisé, vient mourir à quelques pas de la mer, et tout d'un coup, vers l'ouest, l'aspect change. Sans transition, la lande apparaît, couverte de roches à demi ensevelies dans les bruyères ou sous les ajoncs; puis c'est la grève infinie avec son interminable ceinture de blocs énormes et ravagés, de récifs et de brisants.

Le caractère des habitants garde quelque chose de ce contraste, selon qu'ils vivent du sol fertile ou de la mer dangereuse ; et, chose étrange, malgré l'invasion anglaise qui roula sur eux, pendant plus d'un siècle, ils ont conservé le type des hommes du Nord, de ces hardis et farouches Scandinaves, dont le souvenir est écrit, à chaque pas, en lettres formidables, comme ce Hague-Dike qui, partant de Herqueville, à l'ouest de Cherbourg, coupe en deux le bout de la presqu'île de la Hague, et mettait jadis les envahisseurs à l'abri d'un retour offensif des envahis.

C'est malgré soi, qu'en errant le long de ces côtes, on évoque les temps disparus, et que l'on ressuscite, en imagination, des jours bien voilés par la nuit croissante des siècles, mais qui gardent pour l'artiste, fils du sol, une émouvante et sauvage grandeur.

Naguère encore les légendes locales et les récits merveilleux y étaient populaires; mais tout cela s'envole successivement, emporté sur les ailes de la vapeur. Il n'en sera plus note peut-être à la fin du siècle. A peine en retrouve-t-on trace, à l'heure qu'il est, dans les annuaires départementaux et dans les bien rares collections de feuilles régionales où des lettrés et des érudits se plaisaient, il y a cinquante ans, à les écrire et à les faire renaître.

Rien n'est plus fâcheux. La légende, qui est l'essence même de l'esprit d'un pays, ferait comprendre assurément bien des choses, maintenant perdues, ou à peu près, dans l'obscurité des années.

Ici, je me suis borné à quelques récits riverains ou maritimes, qui forment une série de tableaux n'ayant d'autre mérite que leur exactitude, et, je le crois, leur couleur et leur saveur de terroir particulières.

Tout en faisant agir des enfants et des hommes, dans un cadre parfois miraculeux, je me suis efforcé, cependant, de mêler quelque réalité à cette poésie des choses qui, dans la littérature contemporaine, tient une place de plus en plus prépondérante, et donne un charme particulier à tant de récits imaginaires.

Y suis-je parvenu ? Je le désire vivement, sans oser l'espérer.

Paris, octobre 1888.

Jean de NIVELLE

CONTES

DE LA

MER ET DES GRÈVES

LE MOINE DE SAIRE

Entre le fort de la Hougue et la pointe de Barfleur, une longue et étroite langue de terre, à l'extrémité de laquelle se dresse un des nombreux feux de la côte, allonge sa bande sablonneuse, blanche et presque éblouissante, sous les rayons du soleil d'été. C'est la pointe de Réville, le long de laquelle, au pied des dunes, se développe l'embouchure de la rivière de Saire, un ruban d'eau, très étroit et très limpide, qui traverse une des contrées les plus fertiles de la Normandie, à laquelle elle donne son nom, le *val de Saire*. Avant d'arriver à la mer, la rivière, ou plutôt le filet d'eau traverse l'arche double d'un vieux pont, qui a sa légende, dont je parlerai plus loin. Passé cela, elle se perd dans les sables, et un enfant n'en aurait pas jusqu'au mollet. C'est bien la peine, pour avoir une aussi triste fin, de faire marcher tant de moulins, tant d'usines, et de répandre l'abondance dans tant de gras pâturages !

L'église, comme à peu près toutes les églises de la côte, est perchée sur une hauteur; mais je croirais volontiers celle-ci faite de main

2

d'homme, car ce n'est qu'un talus à pentes assez raides, le long desquelles
les pierres tombales s'étagent d'une façon pittoresque, s'il est permis de
s'exprimer ainsi à propos d'un cimetière. Sur chaque pente, deux esca-
liers à nombreuses marches inégales conduisent à l'église, et, de cette
plate-forme très étroite, on aperçoit le morceau de mer enfermé entre la
pointe et la jetée de Saint-Vaast. Dans cette localité, riche de deux
manières, par la terre et par la mer, la culture et la pêche, survit le
souvenir d'une famille aujourd'hui presque éteinte, qui fut la providence
de la contrée, et dont la demeure appartient aujourd'hui à des armateurs
du Havre, qui, ayant à lutter, dans le pays, contre de reconnaissants et
affectueux souvenirs, s'y impose, dit-on, par sa bienfaisance.

Cette résidence qui, extérieurement, n'a rien de somptueux, est située
à l'extrême limite du val de Saire, qui jadis excita la verve des étymologistes, les gens les plus impitoyables du monde. Les beaux esprits, toujours portés vers la mythologie, en avaient fait le val de Cérès. Cette
explication, vu la fécondité du sol, avait quelque chose de vraisemblable
et même de tentant; mais comme le val tirait son nom du cours d'eau
qui le traverse et le fertilise, il fallait une certaine dose de bonne volonté
pour admettre qu'une rivière eût été baptisée par la déesse des moissons,
surtout dans une région peu au fait, autrefois comme aujourd'hui, de la
Grèce fabuleuse. Un antiquaire du pays, qui fut un homme d'esprit et
aussi un savant, M. de Gerville, se moqua jadis, et fort agréablement, de
ces prétentions trop individuelles.

Pour ce faire, il abonda dans le sens des gens qui voulurent loger Cérès
dans le val de Saire, et il se mit à jouer sur les noms des communes
avoisinantes avec beaucoup de bonne humeur. Il faut admettre, écrivait-il
ou à peu près, puisqu'on se hasarde à le dire, que toute cette contrée
fut placée jadis sous le patronage de la déesse des moissons, et que Saire
vient en droite ligne de Cérès, puisque l'on veut qu'il en soit ainsi. Au
fait — c'est toujours l'antiquaire qui parle, — certains noms de paroisses,
par leur étymologie peut-être un peu forcée mais acceptable, compléte-
raient, au besoin, cette explication. Ainsi, dans ce pays exceptionnelle-

ment fertile en céréales, il fallait des moulins pour moudre le blé et
l'orge : on les trouvait à Montfarville (*montis farris villa*). Cependant
des ânes étaient nécessaires pour l'y transporter. Ils étaient fournis par

la commune d'Anneville-en-Saire (*asinorum villa*). C'est déjà fort, mais
l'explication, en se poursuivant, devient de plus en plus jolie.

Il est évident, disait M. de Gerville, que, dans un pays aussi riche, les
voleurs abondaient. D'où venaient-ils? Pas de bien loin, parbleu! De
Réville tout simplement, que l'implacable railleur de ses prétentieux

confrères faisait dériver de *Reorum villa*. Enfin, pour tant de chenapans, des juges étaient nécessaires. Notre homme ne se mettait point en peine pour si peu, et les faisait naître à quelques kilomètres de là, à Tocqueville, dont le nom antique ne pouvait être autre que *Togatorum villa*. La raillerie était de bonne guerre, à l'adresse de gens qui, pour le besoin de leur douce manie, savaient inventer des étymologies bien autrement abracadabrantes. On en rit beaucoup dans le monde savant d'alors, à l'exception toutefois de ceux qui étaient visés, mais qui ne se tinrent pas pour battus. Les étymologistes sont aussi entêtés que les naturels d'Anneville, j'entends ceux qui marchent sur quatre pieds et ont de longues oreilles.

Ce pont, jeté sur la Saire, droit à son embouchure, et qui n'a de moderne que de puissantes portes de flot, dont je ne m'explique pas très bien la nécessité en un pareil endroit, possède sa légende fantastique ; c'est la preuve qu'il ne date pas d'hier. C'est là que jadis — on ne préciserait pas au juste, — c'est là que le fameux moine de Saire faisait des siennes. Je dis jadis, car c'est à peine si le souvenir du terrible spectre est resté dans le pays. J'ai interrogé des pêcheurs et des riverains, assez sensiblement portés à croire que je voulais me moquer d'eux, et qui, s'ils ont entendu parler du moine dans leur enfance, n'y croient plus guère, pas plus qu'au loup-garou qui, la nuit venue, s'élance à l'improviste sur les épaules du passant qu'il ne lâche plus, et aux milloraines, drapées dans leurs robes diaphanes, légères comme le brouillard, et qui s'affourchent sur les barrières pour effrayer les paysans attardés.

Toutes ces appréhensions superstitieuses s'évanouissent peu à peu, et ce n'est pas dommage. Si le merveilleux y perd, la raison y gagne ; mais il n'en est pas moins intéressant de rechercher, à travers le passé, et un passé fort peu éloigné encore, qu'on toucherait presque du doigt, quelques-unes des terreurs qui frappaient l'esprit de nos pères et qu'ils matérialisaient avec la plus entière bonne foi. En ce qui concerne le moine de Saire, n'est-il pas probable que, dans des soirs de brouillard, on ait vu jadis des formes étranges courir dans la baie, surtout aux heures

LA CHAPELLE DES MARINS A SAINT-VAAST LA HOUGUE.

crépusculaires, si favorables aux choses merveilleuses, comme ces
nuages de brume qui, de temps en temps, s'élèvent sur les marais et
glissent aux caprices du moindre vent? Ne voit-on pas à peu près tout
ce qu'on veut, dans les nuages du ciel?
Et combien plus encore, quand l'imagination travaille et impose presque, dans
l'ombre croissante, la vue des choses les
plus étranges et les plus redoutées?

Alors on s'empresse de bâtir une légende qui traverse les années, quelquefois les siècles, comme celle de ce moine
de Saire, que voici, dans toute sa simplicité naïve. Dans le château des seigneurs
de Réville, dont l'emplacement est peut-
être marqué par la construction plus
moderne dont j'ai parlé plus haut, vivait,
on ne précise pas bien à quelle époque,
l'héritier du nom et de la fortune, dont le
frère cadet s'était fait moine. Apparem-
ment la règle de son couvent n'était pas
difficile, ou bien l'on y avait quelque dé-
férence pour un frère d'origine aussi dis-
tinguée, car celui-ci faisait de fréquentes
visites au manoir, où il était reçu d'ailleurs à bras ouverts. Un jour qu'il s'y
trouvait et qu'un tenancier venait régler
ses fermages, son frère s'étant momenta-
nément éloigné, il ne put résister à la ten-
tation, glissa la somme dans les poches de sa robe et décampa. Cela ne
fit pas, comme bien on pense, l'affaire du vilain, qui réclama; audacieux,
le voleur nia formellement, et, ce qui prouve bien qu'il était un moine
sans principes, c'est qu'il prononça ces paroles que la légende écrite a

conservées : « Cet homme qui m'accuse est un imposteur, et si jamais je lui ai pris son argent, je veux que le diable m'emporte et que le pont de Saire me serve de cellule. »

Le diable, qui se trouvait sans doute dans ces parages, ne se fit pas attendre, commença par mettre en branle la cloche de la chapelle et par sonner le glas des funérailles, puis, au milieu d'une scène d'horreur indescriptible, s'empara du voleur et l'emporta. Depuis lors, il apparut fréquemment, soit à l'endroit choisi par lui, à la plus grande terreur du pays, soit dans les environs, et se mit à jouer aux voyageurs et aux riverains des tours pendables. Cependant une autre version dit qu'en se sauvant avec la sacoche il fit rencontre, au pont de Saire, d'un personnage qui lui proposa une partie, acceptée séance tenante. En un rien de temps le moine perdit tout l'argent volé, puis sa robe, son chapelet et tout ce qu'il avait sur le corps, enfin son âme, dont le diable, — car le joueur n'était autre que messire Satan — s'empara, et qu'il condamna à errer dans les alentours jusqu'au jugement dernier.

Il faut croire que c'était un peu long, car le moine de Saire a regagné son couvent depuis bien des années, et je crois bien que marins et pêcheurs passent sans effroi sur le vieux pont, à toute heure de la nuit. Il est

certain qu'au moment du revif, et quand le vent souffle du large, la mer
se brise avec des bruits sinistres contre les piles massives du pont et
sur les portes de flot ; mais, aujourd'hui, l'on regarde tout cela du haut
du parapet : les barques qui se balancent dans la crique, à quelques
brasses du pont, la mer qui blanchit, au loin, sous les rayons de la lune,

et la tour ronde de Tatihou qui dresse au loin sa silhouette fantastique.
Avec le temps, l'effroi de la légende s'est évanoui peu à peu dans la
contrée, comme ces voiles qui s'éloignent, diminuent et finissent par
disparaître dans les brumes de l'horizon. Il n'en est plus guère question
que dans les livres, et encore ils sont rares. Le jour où le sifflet de la
première locomotive retentira dans la contrée, le moine s'en ira tout à

3

fait, en se bouchant les oreilles, de même que toutes les traditions fantas-
magoriques que la vapeur épouvante, et qui n'auront plus qu'à se réfugier en Chine, où l'on considère la locomotive comme une invention barbare, indigne de circuler librement sur le sol sacré du Céleste Empire.

Aujourd'hui que le sable a envahi tout cet estuaire, le flux le remplit,
sans autre fracas que celui de la mer. Il paraît qu'il n'y a pas longtemps
encore, les galets s'entassaient sur chaque rive, comme sur la plage du
Havre, au bout de la jetée. Là, dans les mauvais temps, quand les vagues
déferlent avec fureur, elles produisent, en se retirant, un bruit semblable à un fracas de ferrailles agitées. Il en était ainsi alors au pont de
Saire bien probablement; il n'est pas étonnant que l'imagination toujours
en éveil des gens de la côte ait entouré de ces chaînes, sans cesse
remuées, un personnage condamné pour les méfaits de sa vie à rouler
ses fers, comme un linceul, à l'endroit même où il avait commis son
indigne forfaiture. Aujourd'hui c'est tout au plus si, par gros temps, la
mer, en se brisant contre les portes de flot, produit un bruit de grosse
caisse. Les galets sont partis et la tradition est à peu près morte.

Cependant, en cherchant bien, on trouverait peut-être l'origine de
cette légende, rien qu'en se reportant au temps et en songeant aux lieux
où elle se produisit et où elle s'efface, petit à petit, avec les années. Il
est bien probable que cet endroit de la côte était habité soit par des
contrebandiers, soit par de faux sauniers qui, dans le but de se livrer
plus tranquillement à leur coupable besogne, avaient recours à la terreur
pour éloigner les riverains et les gens de la gabelle, et pour opérer tout
à leur aise, pendant la nuit. Les différentes versions sur le Moine de
Saire corroborent cette hypothèse. Est-ce que derrière toutes les
effrayantes légendes du moyen âge, on ne découvrirait pas l'exploitation
de la simplicité et de la bêtise humaines, vieilles comme le monde et qui
ne finiront qu'avec lui?

FRÈRE PORPHYRE

Il y a quelque chose aujourd'hui comme une trentaine d'années, un gaillard solide et haut en couleurs frappait à la porte du couvent de la Trappe.

Il pouvait être environ quatre heures de relevée, et la chaleur torride d'une belle journée d'août faisait fumer le sol et les champs voisins.

Le monotone bourdonnement des insectes remplissait l'air d'une mu-

sique interminable, toujours la même. On eût dit un archet invisible attaquant éternellement et faisant vibrer la même corde.

L'homme, un hercule de vingt-sept à trente ans, était en nage. Sans doute il venait de fournir une longue course, car sa blouse, de couleur bleue, était devenue toute noire aux épaules, et à travers l'entrebâillement, on apercevait la sueur coulant, à grosses gouttes, sur sa poitrine robuste et velue.

Malgré cela, il ne semblait point las, et de temps en temps il prenait le bas de sa blouse, pour essuyer son front ruisselant.

Au bout de quelques minutes, la tête d'un frère se montra derrière le guichet aux barres de fer entre-croisées. La tête rasée demanda à l'inconnu ce qu'il y avait pour son service. Celui-ci répondit tout simplement :

— Je voudrais parler au père abbé.

La tête, à ces paroles, eut une expression de surprise tout à fait caractéristique.

L'homme, sous son accoutrement, avait plutôt l'air d'un coureur de routes que d'un chrétien, et le frère, soupçonneux, le toisait, indécis de ce qu'il avait à faire.

La porte du couvent est ouverte à tout le monde; mais il n'est pas défendu cependant de prendre ses précautions.

C'est ainsi que pensa le frère portier, car il pria l'inconnu d'attendre, en face, à l'abri d'un grand chêne qui répandait sur la prairie l'ombre de son feuillage séculaire, ferma le guichet et disparut.

Quelques instants après, il revint, fit entrer l'homme, le guida à travers une foule de corridors nus, sans plus lui adresser la parole, d'après la règle qui commande le silence absolu dans l'intérieur du cloître, s'arrêta devant une porte, frappa discrètement ; sur une injonction venue de l'intérieur, ouvrit, s'effaça, les bras croisés sur la poitrine et la tête fortement inclinée et s'éloigna, sans que le bruit de ses sandales de crin éveillât le moindre écho dans les longs corridors.

L'homme, toujours ruisselant, malgré la grande fraîcheur qui tombait des murailles blanches du cloître, entra et se trouva en présence du père abbé, assis dans un fauteuil de bois, imposant avec sa longue et lourde barbe grise et qui l'arrêta net, en lui jetant d'un ton sec ces trois mots :

— Que voulez-vous?

Mais l'inconnu n'avait pas froid aux yeux. Respectueusement, il s'excusa de sa démarche hardie et dit :

— Je voudrais entrer dans le couvent, me faire trappiste.

L'abbé ne s'étonna pas. Il en avait vu bien d'autres, et autrement rabougris, autrement défaits que celui qui se présentait là, dans sa solide

carrure, fort comme un cheval de labour, les yeux clairs, quoique sans audace, taillé, en un mot, pour abattre de la besogne et pour faire sa partie dans le concert laborieux du couvent.

En moins de temps qu'il n'en faut pour l'écrire, le père abbé jaugea la valeur physique de la recrue et conclut mentalement à l'excellence de l'acquisition. Mais, prudemment, il fit des difficultés, formula des réticences et questionna. Ce fut tout un interrogatoire.

L'inconnu commença par tirer de sa poche une sorte de carnet d'aspect graisseux qu'il tendit au prieur. C'était un livret militaire, contenant les états de service d'un excellent soldat que le défaut d'instruction avait maintenu, pendant tout un congé, dans les rangs inférieurs, mais qui s'était battu comme un lion en Crimée, et s'était trouvé l'un des premiers à l'assaut de la tour Malakoff.

En tournant les feuillets noircis, l'abbé souriait agréablement. Le hasard n'envoie pas tous les jours de ces sujets d'élite qui sont l'honneur même, que la discipline militaire a déjà façonnés pour la rude et pénible vie du couvent, et qui promettent un travail bien plus actif que celui de tant de déclassés qui prennent la Trappe pour un lieu de refuge et finalement cherchent la clef de la porte pour s'en aller et rentrer dans le monde.

Le père abbé les connaissait ceux-là, et, depuis qu'il gouvernait cette compagnie d'hommes, venus un peu de partout et quelquefois d'endroits douteux, il avait appris à lire couramment sur les physionomies.

Celle-ci lui plut, mais il ne se livra pas tout d'un coup, exposa la vie monotone et toujours dure du couvent, parla des vocations peu assises qui s'éteignent comme un feu de paille et qui jettent sur la Trappe une déconsidération fâcheuse.

En écoutant tout ce flux de paroles, l'autre avait un bon sourire presque ingénu.

Que lui importait à lui qui, en dehors de son temps de service, n'avait fait que rouler par monts et par vaux, toujours inquiet du pain du jour et de celui du lendemain?

Au couvent, il savait qu'on ne meurt pas de faim. Du pain et des légumes, parfois des fruits, c'était bien plus qu'il n'en fallait à son estomac robuste, que l'ordinaire éternellement le même des casernes n'avait pas entamé. Et il pensait aux travaux des champs qui étaient sa joie et qui faisaient la juste réputation des trappistes, bien loin à la ronde.

Ce paysan ne se connaissait point de famille. Il avait vécu, lui-même ne savait plus trop comme, jusqu'au moment où il avait pu se louer, aux

temps de la moisson, ou trouver dans les fermes quelques labeurs jour-
naliers.'

La conscription le surprit au milieu de cette quiétude, l'enleva pour
sept années, et il revenait du service, peut-être pas plus sincèrement
dévot qu'en partant, mais dans les ambulances cholériques de Varna, il
avait solennellement promis de se faire trappiste s'il en réchappait, et il
tenait son serment.

Il ne demandait qu'une grâce,
c'était de garder la médaille militaire, qu'il avait si bien gagnée.
Personne ne la verrait, il la cou-
drait en dedans de sa robe de
bure, et de la sentir de temps en
temps s'enfoncer dans la peau,
cela lui donnerait du courage et
de la persévérance.

En peu de temps, frère Porphyre — ce fut le nom qu'on lui
donna — devint un modèle dans
la communauté, dur au travail,
l'été comme l'hiver, par neige
comme par soleil, toujours ré-
veillé aux premiers sons de la
cloche, dans les nuits torrides et dans les nuits glacées, psalmodiant, à
la chapelle, d'une voix pleine et timbrée, Laudes et Matines, impitoyable
pour lui, serviable aux autres, un rude soldat dans la compagnie qui
défrichait la lande, poussait la charrue, sarclait, cassait des pierres,
taillait les magnifiques espaliers du jardin, gaulait les pommes et les
jetait au pressoir.

Il portait aisément deux sacs de blé sur ses robustes épaules, et quand
il se trouvait quelque besogne pénible à faire, il n'y avait qu'un moine
pour l'accomplir, et ce moine c'était frère Porphyre.

Cela marcha ainsi pendant quelques années ou plutôt une douzaine et demie de mois, quand le bruit se répandit, jusque dans la Trappe, que l'empereur partait pour l'Italie à la tête de l'armée, et qu'on allait prochainement en découdre avec les Autrichiens.

Dans ce temps-là, on ne se doutait pas de la bêtise que c'était. Aux yeux de frère Porphyre, Autrichiens et Russes, c'était tout un, et il commença d'avoir des inquiétudes dans les jambes.

Cependant, comme il avait le respect de la discipline, il demanda l'autorisation de partir, de reprendre du service, avec promesse formelle de retour, la campagne une fois terminée, s'il était encore de ce monde.

On la lui refusa tout net, en lui faisant entendre que de pareilles idées étaient criminelles, dans une maison de paix et de mortification religieuses.

Le lendemain, frère Porphyre avait repris la clef des champs. On ne sut quelle défroque il avait endossée, mais sur sa couchette on trouva sa robe de moine soigneusement roulée, au pied du lit, par terre les sabots encore pleins de paille, et, pendu à un large clou fiché dans le sapin du lambris, le lourd chapelet qu'il égrenait quotidiennement, avec componction, entre deux corvées.

Le soir même, à la chapelle, les frères récitèrent, à son intention, la prière des morts; et une année après, jour pour jour, frère Porphyre frappait à la porte de la Trappe, revêtu d'un habit militaire qui en avait vu de dures, depuis le passage du Mont-Cenis jusqu'à Solférino, sans compter les étapes intermédiaires.

Il entra, fit pénitence, une pénitence longue et rude, sans se plaindre, sans un mot de reproche, et devint bientôt, comme par le passé, le modèle du couvent.

Cela dura jusqu'en 1870, lorsque la nouvelle de la surprise de Wissembourg franchit les murs de la Trappe.

Cette fois-là, frère Porphyre partit sans rien dire, gagna Cherbourg, où il se présenta dans les bureaux de l'intendance.

Comme il touchait à la quarantaine, malgré ses états de service et sa médaille militaire, on le trouva trop vieux.

OUVREZ, C'EST MOI FRÈRE PORPHYRE!

4

Alors il prit ses cliques et ses claques et, quelques semaines plus tard, il était enrôlé dans une compagnie de francs-tireurs dont les survivants se souviennent peut-être encore de ce camarade à la tête rasée qui descendit tant d'Allemands, avec une sûreté de coup d'œil incomparable ; dans les engagements nombreux qui eurent lieu entre Rouen et Mantes, qui couchait où cela se trouvait, dans une grange ou sur la neige durcie, qu'on trouvait prêt pour toutes les corvées et qui, l'heure du repos venue, ne s'étendait jamais sans faire à haute voix sa prière, malgré les rires et les quolibets des loustics qui le singeaient et lui donnaient leur bénédiction, avec des gestes indécents.

Pendant cette longue et pénible campagne de partisans, frère Porphyre fut le héros anonyme de nombreux exploits. Il se sentait, suivant son expression, de la poudre dans les mollets, et risqua vingt fois la mort, non par témérité, mais pour accomplir des missions périlleuses que les chefs lui confiaient et dont nul ne se fût acquitté comme lui, dans ce terrible hiver où les chemins et les sentiers disparaissaient sous la neige et où le canon des fusils brûlait les doigts des malheureux soldats.

A la nouvelle de la capitulation de Paris, jugeant la guerre finie, frère Porphyre disparut.

Était-il tombé dans quelque embuscade ? Le froid terrible l'avait-il saisi, dans une de ces pointes audacieuses qu'il poussait au delà des avant-postes et d'où il revenait, presque toujours, avec un casque à pointe, quelquefois deux, enfilés par les jugulaires au canon de sa carabine ?

Nul de ses camarades ne le sut.

Frère Porphyre avait tout simplement repris le chemin de la Trappe.

Dans les premiers jours de février, vers le soir, tremblant de fièvre, presque épuisé, il tomba au seuil même du couvent, et ce fut d'une main défaillante et après de terribles efforts qu'il put saisir et laisser tomber le lourd marteau, et d'une voix presque éteinte qu'il murmura, à plusieurs reprises :

— Ouvrez, c'est moi, frère Porphyre !

On ouvrit, on le ranima, on apprit de sa bouche ce qu'il avait fait

pour la France, pour la patrie, et des larmes coulaient sur les joues tan-
nées de ces moines qui s'étaient battus à coups de prières, et qui, dans
l'enceinte du monastère, oubliaient le silence exigé du cloître et jetaient
des exclamations réitérées, sans avoir l'air de se douter qu'ils se dam-
naient.

Il fallut la présence du père abbé et son aspect sévère pour ramener
l'assistance à l'observance de la règle, et le son de la cloche pour rappeler que l'heure des offices était arrivée.

Frère Porphyre endossa le froc et s'apprêta à suivre les moines,
malgré l'état de faiblesse dans lequel il se trouvait. Un geste du prieur
l'arrêta, et, le lendemain, il comparut devant le chapitre, qui se montra
clément, mais sans faiblesse, en admettant, en faveur du récidiviste, des
circonstances atténuantes.

Il y a deux ans que frère Porphyre est mort, comme un saint, sans
avoir trouvé d'occasion nouvelle de déserter le couvent. Quand on le
dépouilla de son froc de moine, pour lui appliquer sur la poitrine un
large vésicatoire ordonné par le médecin, dans le but de combattre la
pleurésie qui s'était abattue sur lui comme un coup de foudre, on aperçut, cousue à sa peau même, par le ruban jaune moiré avec sa bordure
verte, décoloré par la sueur et par le temps, la médaille militaire dont
l'empreinte restait marquée dans les chairs.

Il expira après quelques visions de batailles, répétant, dans son délire,
quelques mots parmi lesquels : Vive la France! Et le corps du soldat
repose dans le cimetière du couvent, à l'ombre d'une de ces humbles
croix blanches où sont inscrits, sans la moindre mention de regrets, les
noms religieux de tous les désespérés anonymes que la foi, le dégoût ou
les tempêtes de la vie ont poussés vers ce sombre asile du renoncement,
du calme et du labeur.

LE DEUIL DU GRAND-PÈRE

Un matin d'août, je me trouvais à Saint-Vaast-la-Hougue, dans la cuisine de l'hôtel de Normandie, après une nuit de sommeil comme on n'en passe qu'au bord de la mer.

La journée s'annonçant brumeuse, j'interpellai l'hôtelier Bisson et lui demandai s'il n'était pas au moins prudent de se lester l'estomac d'un verre de madère de derrière les fagots, avant de se mettre en route pour l'excursion quotidienne.

Bisson — et ce n'est pas un crime — n'a jamais dédaigné un verre de madère, et nous voilà trinquant comme deux vieux amis que nous sommes, trempant un biscuit dans la belle liqueur ambrée : A votre santé, Bisson!
— A la vôtre, Monsieur Jean de Nivelle, et que le bon Dieu vous ramène chez nous, au moins une fois l'an!

Le bon Dieu n'a point écouté les vœux de Bisson, pas plus qu'il n'a exaucé mes désirs. On s'en va, on revient, on ne sait où l'on retournera : c'est la vie! Mais il me reste, de ce brave homme, un souvenir qui ne s'effacera jamais.

Ce matin-là, le temps n'était pas trop sûr. De gros nuages, très lourds et très bas, roulaient dans le ciel, venant du sud-ouest, passant par-dessus la tour de la Hougue, tout doucement, mais s'abaissant de plus en plus, au point de toucher presque le paratonnerre.

On se demandait même qu'est-ce qui pouvait les faire marcher, car il n'y avait pas un souffle d'air, et la mer était plate et unie comme la grève, mais huileuse, plombée, terne, comme elle est toujours, quand un coup de vent menace et quand, à des centaines de lieues en arrière, les

tempêtes d'Amérique roulent vers les côtes européennes, en bouleversant
tout sur leur passage, pompant les vagues comme une trombe, dispersant,
aux quatre coins de l'horizon, des tourbillons d'écume et poussant, devant
elles, ces lames énormes, grosses comme des montagnes qui, lorsqu'elles épargnent la Bretagne et la Normandie, s'en vont se briser,
comme de gigantesques béliers liquides, sur les remparts granitiques de
l'Angleterre et des pays scandinaves.

— Et de quel côté dirigez-vous vos pas aujourd'hui? me demanda
l'hôtelier.

— Ma foi! lui dis-je, j'ai fortement envie de m'en aller du côté de
Réville, d'abord, puis de suivre la route qui conduit à Barfleur à travers
les clos et les herbages, jusqu'à la crique de Maltot, que vous appelez, je
crois, la Mare-Barrée. Je ne fais point d'ailleurs cette excursion pour la
première fois, mais je me laisse encore séduire, et c'est pour moi un
plaisir toujours nouveau, quand, au bout du chemin vicinal, j'aperçois la
mer, la grande et vaste mer se brisant à quelques pas, et roulant, sur la
chaussée, lors des grandes eaux.

Quelques années auparavant, nous avions fait là, par une après-midi
superbe, une partie charmante, en compagnie du capitaine des douanes
Lépine, de M. de Kerprigent, un ancien officier supérieur de la marine,
d'un autre capitaine de frégate, M. de Villeneuve, d'un médecin de Paris
et de trois matelots de la douane préposés aux vivres, surtout à la cuisine,
et qui, dans les creux de roche, à mer basse, s'étaient installés le mieux
du monde : un fourneau pour la matelote, un autre pour le café et, par-ci
par-là, quelques trous profonds où l'on avait mis le cidre et le vin à rafraîchir.

Il y avait même, avec nous, des artistes de Paris, extasiés devant cette
grande et large mer qui s'en allait au loin, à n'en plus finir, entraînée par le
jusant, laissant à découvert des blocs de rochers tapissés de varechs, qui
ont à peine le temps de sécher entre deux marées et qui embaument,
aussitôt qu'il fait un peu de brise marine.

De temps en temps, les long-courriers apparaissent au large, toutes
voiles dehors, et l'on apercevait même la fumée d'un transatlantique en

route pour le Havre, après avoir communiqué avec le sémaphore de Gatteville, et qui se pressait pour ne pas manquer la marée.

Pendant ce temps-là, la houle s'engouffrait dans les criques, dansait sur les rocs, se brisait, écumait, à quelques centaines de mètres de nous, faisait mille bruits, donnait une dernière secousse aux barques ancrées, avant de les abandonner, pour quelques heures, et s'en allait, de plus en plus, en dessinant au bord sa dentelle d'écume blanche.

Il suffit de voir une fois ces spectacles de la mer, d'entendre leur musique, pour ne les oublier jamais. Et c'est pour cela que, dès la première heure, je m'apprêtais à m'en aller du côté de Réville, pour gagner la Mare-Barrée, lorsque Bisson m'arrêta :

— Savez-vous, me dit-il, qu'il s'est passé là une triste chose depuis que vous n'êtes venu au pays?

— Non, répondis-je, et quoi donc?

— Voilà. Peut-être connaissez-vous le vieux patron des douanes, Barbanchon, plus que sexagénaire et toujours solide au poste, du moins avant son aventure! Retraité depuis une demi-douzaine d'années, il est venu se réfugier par ici avec sa fille qu'il maria avec un maître au cabotage du quartier de la Hougue, et quand il se vit grand-père, la reine d'Angleterre n'était pas sa cousine. Toujours en mer, par beau ou mauvais temps, il pêchait, et assez heureusement pour mettre quelque aisance au logis. Et puis voilà, aussitôt que le garçon fut sevré et marcha tout seul, il l'emmena avec lui, histoire de l'aguerrir, de le familiariser avec la mer, et d'en faire de la graine d'amiral. Barbanchon, qui savait à peine écrire, rêvait déjà, pour le petit, les plus hautes destinées, quelque chose comme l'école de Brest, d'où l'on sort avec un superbe uniforme et des aiguillettes d'or et de soie. Le patron économisait tant qu'il pouvait, pour lui faire un magot, parce qu'il faut de l'argent aux officiers, d'abord pour tenir leur rang, et aussi pour avoir toujours, dans leur sac, un habit d'ordonnance tout flambant neuf, avec ses accessoires.

Bisson, après ce préambule, avala une lampée de madère, remplit les verres à moitié vidés et reprit :

— Or, voilà que l'année dernière, à cette époque même et tout juste, le vieux patron eut l'idée d'aller voir les régates de Barfleur, et d'emmener avec lui son petit garçon. La mer n'est pas dangereuse dans la canicule, et l'on y respire à pleins poumons, quand elle n'est pas méchante. Les voilà donc partis sur les deux heures du matin, à cause de la marée, le vieux tenant la barre et filant doucettement, par petite brise, avec l'enfant près de lui, à l'arrière, et qui bientôt s'endormit, la tête sur la cuisse du grand-père. Il n'y avait pas de danger que celui-ci bougeât; il aurait plutôt pris la crampe. Et tout en filant petit train, le long de la côte, il s'en allait, en imagination, à pleines voiles dans l'avenir, sans crainte de vieillir, et voyait le petit, celui qui dormait là, comme un innocent, la tête encadrée dans ses cheveux bouclés, il le voyait officier de marine, dans son bel uniforme, avec un petit bout de ruban rouge à la boutonnière, une cicatrice quelque part, bien visible, mais sous la condition qu'elle ne le défigurait pas; et, de fil en aiguille, après un galon sur la manche de l'uniforme, il en venait un autre, puis un autre encore, et les étoiles finissaient par apparaître, les étoiles d'amiral, le rêve de tous les aspirants, brillantes et superbes,

LE VILLAGE DE MALTOT. — LA MARE-BARRÉE.

aussi brillantes que les feuilles de chêne qui courent autour de la casquette et sur le collet brodé de la grande tenue.

« Barbanchon voyait tout cela, dans une sorte de rêve, sans s'apercevoir, lui vieux matelot, que le Nord-Ouest fraîchissait, à mesure que la lune montait dans le ciel. Déjà même la barque dansait sur les vagues moutonneuses, s'enlevait au sommet, tombait à pic, dans les creux. En un rien de temps, ces choses-là se produisent. Dans le début, ce n'est pas grand' chose, de petits coups de vent espacés, des sortes de risées, mais qui se rapprochent et finissent par ronfler dur, les rafales se succédant de plus en plus fortes, venant du large et poussant droit à la côte, où la mer fait tapage. Tout à coup, ce bruit du ressac qui ressemble à des roulements de tonnerre prolongés frappa les oreilles de Barbanchon. Le petit homme dormait toujours, la tête sur la cuisse du grand-père, habitué qu'il était à sauter comme cela, sur la mer jolie. Mais l'heure était critique et la barquette, dérivant, longeait déjà la ligne des brisants, où l'on ne voyait plus rien, qu'une masse d'écume démontée, grondante, mugissante, jusqu'à la grève qui, sous la lune, apparaissait là, tout près, derrière ces rochers.

« Barbanchon effrayé lâcha l'écoute, posa doucement le petit dans le fond de la barque et saisit les avirons pour s'élever au large. C'était dur avec ce terrible vent qui poussait en diable, jetait des paquets d'écume dans le bateau et qui, pour comble de malheur, commençait à charrier de gros nuages qui passaient vite et couraient vers la terre. Vint un moment même où l'on n'y vit plus rien, rien que la lumière énorme du phare de Gatteville, mais si loin, si loin qu'il ne fallait pas songer à marcher dessus, sous peine d'être saisi par le ras, déjà peu commode dans l'accalmie. Enfin, quand il se crut hors de portée des brisants, Barbanchon rétablit la voilure, laissa où il était le petit qui dormait toujours et qu'il avait recouvert de sa vareuse, et se mit à courir parallèlement au rivage, se disant qu'une lumière derrière quelque fenêtre lui indiquerait peut-être la Mare-Barrée, et qu'il n'aurait plus alors qu'à laisser aller vent arrière, au milieu des vagues qui grossissaient de plus en plus. Sans cela, c'était fini, archi-fini !

« En effet, il aperçut bientôt une petite lueur faible, probablement dans le poste de la douane, à l'ouvert même de la crique, et quand il fut à la hauteur, laissa porter droit dessus. Et la barque marchait, roulant comme une feuille sèche entraînée dans un tourbillon, malgré les deux ris que Barbanchon avait pris dans la voile, grande maintenant comme un mouchoir de poche et gonflée comme un ballon, par le vent qui ne se reposait plus. Mais la distance diminuait rapidement, la fenêtre éclairée du poste de la douane s'élargissait; dans quelques minutes, en dépit des vagues énormes, on allait atterrir là, sur le sable. Tant pis pour la barque, si elle faisait des avaries! On réparerait cela plus tard, avec quelques écus. Le principal était de prendre pied sur le plancher des vaches et de couler le petit dans un bon lit bien chaud. Barbanchon s'apprêtait même à le saisir dans ses bras, quand tout à coup, un choc effroyable, la barque en morceaux, et plus rien que le vieux, poussant des cris d'appel formidables, mangés par la tempête, sans qu'il en parvînt seulement un écho jusqu'à terre! Alors, pendant deux heures, le vieux nagea, plongea, cherchant partout, appelant le petit qui ne répondait pas, et pour cause, et quand, aux premières lueurs de l'aube, la rafale s'apaisa, le veilleur de la douane aperçut, étendue sur la roche où la barque s'était effondrée, une forme humaine immobile. Avec beaucoup de précautions, car, malgré l'accalmie, la mer était dure encore, on mit à l'eau la péniche, et l'on ramena le vieux Barbanchon, trempé jusqu'aux os, muet, les yeux hagards et déjà frappé de folie. Et puisque vous allez par là, ajouta Bisson, poussez jusqu'au logis du brigadier, il vous dira ce qu'est devenu le patron et vous montrera peut-être de drôles de choses. »

Sur les midi, le soleil nettoya le ciel dans toutes ses parties, et, le long de la route bordée d'arbres et de vieilles gentilhommières qui sont devenues des fermes enfouies sous les feuillages, je marchais, respirant à pleins poumons le bon air des champs et de la mer que j'entendais sans la voir. Tout à coup, après un coude, elle m'apparut, au fond du chemin, bleue, sans une ride, séduisante comme une sirène, avec une tache noire qui lui faisait une sorte de grain de beauté, la roche où s'était broyée la barque de Barbanchon. Tout près d'elle, un homme debout dans un canot lançait, de temps en temps, quelque chose, comme un pêcheur de rivière qui jetterait l'épervier. Précisément, au bord même de la crique, le brigadier des douanes Lemagnen, le chassepot en bandoulière, faisait les cent pas. Au bout de quelques minutes, je l'abordai et lui dis que je comptais sur lui, pour me mettre quelque chose sous la dent, et que j'étais mort de faim.

Ce fut bientôt fait, les douaniers ayant toujours quelque poisson frais pêché, et des œufs, sans compter le jambon suspendu aux solives du plafond, un régal, surtout quand une longue marche vous a mis l'estomac

dans les talons. Et tandis que nous nous dirigions, par un chemin qui borde la crique, vers le logis du brigadier, le singulier pêcheur m'apparut encore, lançant toujours quelque chose qu'on ne pouvait pas voir, à cause de la distance.

— Ah! çà, dis-je à Lemagnen, pourriez-vous m'apprendre, brigadier, ce que cela signifie?

Et, du doigt, je lui montrais l'homme, toujours debout dans sa barque, et répétant son geste à intervalles égaux.

— C'est vrai, vous ne savez pas, fit le brigadier! Voilà trois ans qu'on ne vous a vu par ici, et en trois années il se passe bien des choses. Eh bien, ça, c'est le patron Barbanchon qui cherche le cadavre du petit, et

voilà tantôt deux ans que ça dure. Vous ignorez donc ce qui lui est
arrivé?

Je dis à Lemagnen que je savais la triste histoire, seulement depuis
quelques heures; mais, de voir ce pauvre vieux sondant imperturba-
blement la mer pour chercher le petit mort, cela me serra le cœur et je fis
à peine honneur au déjeuner du brigadier Lemagnen.

Le soir, vers le coucher du soleil, quand je repris la route de Saint-
Vaast, le pauvre vieux fou, toujours debout dans sa barque, lançait le
grappin dans la mer bleue, tout autour de cette roche funeste, noire
comme de l'encre, et que le flux bordait d'un cercle d'écume blanche. Sa
haute taille se dressait, se détachant, en relief, sur la mer, et le soleil
qui descendait là-bas, vers l'horizon, allongeait, sur les eaux calmes, son
ombre démesurément agrandie. De sorte que lorsque Barbanchon jetait
le grappin dans la mer pour repêcher son petit-enfant, l'ombre faisait un
geste immense, un geste de semeur gigantesque, dispersant, à pleines
mains, du grain dans les sillons fraîchement remués.

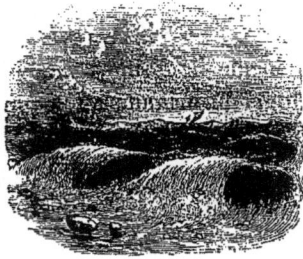

LA PENSION DE JEANNOT

Il fut un temps où, pendant mes loisirs, j'étais acharné à la recherche des monuments druidiques, dans une contrée où l'on en trouvait encore quelques-uns sous bois, en cherchant bien.

Dans toute la partie nord du département de la Manche, ces souvenirs des temps lointains ne sont pas encore extrêmement rares, et c'est vraiment surprenant qu'il en reste autant debout, à moitié ou tout à fait conservés.

Les paysans ont un certain respect pour les choses merveilleuses, pour tout ce qui échappe à leur intelligence; et ces menhirs dressés comme des obélisques grossiers, ces dolmens dispersés sous bois leur imposent depuis des siècles.

La vapeur seule ne tient pas compte de cela; elle va droit son chemin et fait sauter les pierres celtiques avec la poudre, quand elles lui font obstacle.

Je me suis laissé dire, pourtant, que les paysans du Morbihan ne se gênent plus pour exploiter le gigantesque temple de Carnac, et pour débiter les monstrueux menhirs, debout depuis on ne sait combien de centaines d'années.

Ainsi s'en vont peu à peu les souvenirs séculaires de la vieille terre celtique et gauloise. Nous en voyons la fin; nos fils n'en parleront plus que pour mémoire; et, dans quelques douzaines d'années, il ne restera plus d'un monde mort que quelques vestiges de pierre perdus sous les bois de Bretagne et de Normandie.

C'est la loi du progrès qui, dans la seconde moitié de ce siècle, marche à pas de géant. Jamais on ne vit plus terrible casseur de pierres, et il lui suffit de quelques coups solidement appliqués pour réduire en poussière les blocs qui ont su le mieux résister aux atteintes du temps.

Donc un jour, voilà de cela quelques ans, j'errais en curieux à travers

les sentiers verdoyants qui sillonnent la campagne normande entre Bric-quebec et Valognes.

Sur la foi de vieux livres, je cherchais avec ardeur à droite et à gauche, dans les taillis et dans les clairières, quelques dolmens que les anciens auteurs disaient épars çà et là.

La journée, quoique très chaude, était venteuse, et la brise de mer faisait à travers les arbres une douce et charmante musique.

Les oiseaux voyageurs qui, à la belle saison, peuplent ces contrées, s'en donnaient sous la feuillée, pépiant, sifflant, faisant des trilles sonores, principalement les loriots qui se régalaient dans les merisiers.

Quant aux dolmens signalés, je n'en voyais pas trace.

De place en place, à droite et à gauche des sentiers, quelques vieux manoirs transformés en fermes dressaient, à travers les arbres, leurs

tourelles à toits pointus, et une foule de bruits s'échappaient de leurs vastes cours où les canards s'ébattaient dans les mares, sous le soleil de juin qui faisait reluire, comme du métal, les toits d'ardoises, où brûlaient les chaumes des étables et des granges.

Charmé par toutes ces choses bruyantes des exploitations agricoles, et plus loin par ce calme des champs, si complet pendant les chaudes journées, j'allais droit devant moi et je cherchais toujours.

6

Tantôt le sentier, serpentant, filait à travers les branches, à peine tracé par les roues des chariots de moissonneurs, qui y avaient creusé deux profondes et capricieuses ornières; tantôt, plus abrupt, il montait raide à travers les bruyères, le long d'une sorte de lande sauvage, réputée dans les environs à cause d'une foule de superstitieuses légendes, et placée au milieu de l'ancienne forêt de Bricquebec pour l'accomplissement des rites druidiques.

Tout à coup, à un endroit où le sentier faisait un coude, montant encore, vers le sommet d'une petite colline couronnée par une roche démesurée, je demeurai immobile.

Au bout du sentier, à cinq cents mètres environ, se détachant sur le feuillage des bouleaux, une sorte de petite masse grisâtre apparut; quelque chose comme une pierre assez épaisse sur des portants plus minces.

Enfin! mon exploration n'était pas inutile, et je ne rentrerais pas bredouille à l'hôtel du Louvre de Valognes, sans le moindre document pour le savant mémoire que je me proposais d'écrire sur les restes palpables de la religion druidique dans ces contrées.

L'œil fixé sur l'objet, j'avançai à pas précipités, et quelle ne fut pas ma surprise de reconnaître, à quelques centaines de pas, un vieux baudet immobile, la tête entre les jambes de devant, les oreilles rabattues, agitées parfois d'un frémissement presque imperceptible.

Le vent remuait parfois les quelques touffes de poils grisâtres qui restaient sur sa maigre échine, aux endroits où la peau n'était pas enlevée, principalement une sorte de panache, entre les deux oreilles.

La pauvre bête avait porté le bât et le collier de misère pendant bien des années, car à la hauteur du garrot et le long des flancs le cuir était enlevé, comme avec la main.

Au bruit de mes pas, ses oreilles se dressèrent, il tourna péniblement la tête, l'œil à demi ouvert, et son mufle se fronça, comme pour pousser son hi-han; mais il ne sortit, des profondeurs de sa poitrine, qu'une sorte de bruit rauque, semblable au souffle d'une vieille forge usée.

La pauvre bête n'avait plus que la peau sur les os, et quelle peau! quelque chose d'indescriptible, comme un haillon de vieux cuir crevassé,

CE QUE JE FAIS LA? JE CREUSE UNE FOSSE POUR JEANNOT.

le vêtement des bêtes trop longtemps vivantes, qui, ne pouvant plus travailler, ne sont plus nourries, et meurent de consomption, comme les hommes sans nourriture.

Tout à coup, à quelques pas de là, j'aperçus, émergeant d'un trou, la tête d'un vieux homme, aussi ridée et crevassée que le cuir du baudet.

La face avait des tons jaunâtres, comme ceux du sol qu'il creusait, et c'était avec des geignements formidables qu'il rejetait, de temps en temps, en dehors du trou, des pelletées de terre.

Je m'approchai, devinant quelque corrélation entre ce vieil âne et ce vieux homme dont le cuir en avait vu de dures aussi, et je lui demandai ce qu'il faisait là.

Il appuya ses deux mains terreuses sur le manche de sa pelle et répondit :

— Ce que je fais là ? Je creuse une fosse pour Jeannot !

Du geste, je lui montrai l'âne dont la tête était retombée entre les jambes arquées, sans force pour chasser les masses de mouches qui s'entassaient autour de ses paupières saignantes.

— Lui-même, reprit le vieux. Voilà vingt-cinq ans qu'il trime, tel que vous le voyez. Seulement, comme il n'a plus de force pour travailler, et que je n'ai plus le sou pour le nourrir, je l'enterre. Est-ce qu'il ne sera pas mieux là-dedans que devant son râtelier vide ?

— D'accord, dis-je, mais il y a l'herbe des chemins qui est à tout le monde, et les chardons qui poussent partout dans les environs.

— C'est sûr, fit-il ; mais le malheur, c'est que Jeannot n'a plus de dents et qu'il lui faudrait autre chose que cela. C'est dur de se séparer ainsi d'un vieux compagnon de misère, mais si Jeannot savait parler, je suis sûr qu'il me remercierait de ce qu'en ce moment je fais pour lui. Malheureusement, il ne sait même plus braire.

— Ohé, Jeannot ! cria-t-il, approche un peu, mon vieux.

Le baudet, clopin-clopant, s'avança, comme un vieil infirme. De la main, le vieux paysan chassa les mouches, et, comme pour le remercier, Jeannot frotta son museau couvert de longs poils gris le long de la face parcheminée de son maître.

— Vous voyez, Monsieur, fit l'homme, il me reconnaît encore, rien qu'à la voix, car les yeux sont finis et voient à peine la lumière.

Et, déposant sa pelle, il prit lui-même, à deux mains, la tête de Jeannot et l'embrassa à pleines lèvres.

— Voyons, lui dis-je, de toute façon cette pauvre bête n'a pas l'air d'en avoir pour longtemps ; mais c'est dur de l'enterrer là, faute de quelques sous pour la provende. Que faudrait-il dépenser pour la nourrir?

— Ah! Monsieur, fit-il, avec quatre sous par jour, je m'en tirerais, mais je ne les ai pas pour moi-même, et mon pain quotidien n'est pas assez gros pour que je le partage avec lui.

Je pris dans mon porte-monnaie une pièce de cent sous et une pièce d'un franc :

— Tenez, l'homme, lui dis-je, en voilà pour un mois et je renouvellerai la somme autant de fois qu'il sera nécessaire. Il n'est pas possible que vous enterriez vivante cette pauvre bête qui vous a rendu tant de services.

Deux larmes coulèrent le long des rides du vieux qui, d'un geste éloquent, me fit signe qu'il ne savait quoi me dire pour me remercier, et, tous trois, les deux hommes et l'âne, nous descendîmes le sentier abrupt.

Jeannot, péniblement, nous suivait, chassant parfois une pierre heurtée par ses sabots tremblants, l'œil grand ouvert; et quand je me retournais, je voyais, non sans émotion, dans cet œil sans vie, l'image rouge du grand disque solaire qui descendait, descendait toujours, s'élargissant à mesure, au point d'incendier bientôt l'œil tout entier de Jeannot.

A la hauteur de la grosse roche, nous nous séparâmes, et Jeannot, sans doute en signe de reconnaissance, esquissa une de ces grimaces sans le moindre son, qui sont la façon de braire des vieux ânes invalides.

J'ai payé la pension de Jeannot pendant près d'une année, et je ne sais pas si je ne suis point aussi fier de cela que si j'avais découvert, sous le bois des Forges, une demi-douzaine de dolmens authentiques.

LA FIN D'UN BATEAU

C'était un vieux bateau à demi ponté, d'une douzaine de tonneaux, gréé en bisquine et qui faisait la pêche depuis des années dans la Manche.

Il s'appelait le *Saint-Pierre*, et le patron qui le commandait s'y sentait à l'aise comme chez lui, par tous les temps.

Il en avait vu cependant et de dures, dans cette mer étroite où les eaux de l'Océan s'engouffrent, par les grands vents d'ouest, et se dressent, en roulant, comme des montagnes liquides.

Mais cela n'est rien ; les lames longues, rondes et hautes ne sont point pour effrayer les marins quand ils se savent sous les pieds un bateau solide et en même temps léger comme un liège. Ce qu'ils redoutent, ce sont les lames courtes et serrées que le nord-est jette sur nos côtes, brisées en pleine course, puis aussitôt renaissantes, et qui se ruent sur les barques de pêche comme autant de béliers.

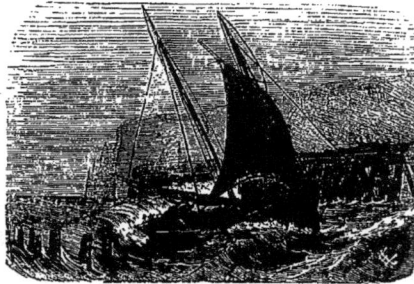

Le pis, c'est que ce vent-là ne crie pas gare et qu'il tombe sur vous, à l'improviste, comme un traître, sans que le baromètre baisse d'un cran, couvrant le pont de volutes d'écume, arrachant les voiles, coupant net les cordages, et faisant, au milieu du gréement, une musique enragée.

Par ces vents-là, on n'est point balancé, mais bousculé, heurté à tout instant, jeté par-ci, jeté par-là, roulé par la mer, qui hurle comme une furie.

Les grands vents qui viennent d'Amérique n'ont point de ces traîtrises, quoique soufflant dur, je vous en réponds, et les pilotes de la Manche qui, par tous les temps, sortent au-devant des long-courriers et des grands paquebots, s'en moquent comme de l'an quarante.

Quands ils ne passent pas sur les lames, ils passent à travers, et tout est dit; tandis que les petites et brutales vagues du nord-est, courtes et dures, heurtent à tout instant la coque, opèrent avec acharnement, arrachent une planche ici, un bordage ailleurs, font perdre l'équilibre aux hommes et leur jettent à la figure toutes les saletés de la mer.

On sort peu, par ces temps-là; mais, quand on est dehors, il faut bien rentrer, ou du moins faire tout le possible pour cela. Et puis, c'est le cas de dire ou jamais que le patron doit avoir le compas dans l'œil et ne point perdre la tête, car la plupart du temps, pour gagner le port et se mettre à l'abri, il n'y a qu'une toute petite passe marquée par deux feux lointains, entre les lueurs desquels il faut placer l'avant du navire, sous peine d'être broyé, à droite ou à gauche, sur les rochers.

Le patron du *Saint-Pierre* est un marin fini. Il se nomme de son petit nom Hippolyte, et les camarades l'appellent tout simplement Polyte; c'est ainsi qu'il est connu sur toute la côte, entre Fermanville et Saint-Vaast. Impossible de rêver plus singulière physionomie; vous diriez un bon petit marchand de n'importe quoi; toujours rasé de frais et portant perruque. Ces durs à cuire qui, deux cent cinquante jours sur trois cents, sont trempés jusqu'aux os, ont peur de s'enrhumer et prennent leurs précautions.

Les membres et souscripteurs de la Société centrale de sauvetage se rappellent peut-être ce tout petit homme qui, il y a quelques années, la poitrine chamarrée de médailles de toute sorte et de tout module, franchissait allègrement les marches de l'estrade, dans la salle du Zodiaque, au Grand-Hôtel, pour aller chercher la médaille d'or que l'amiral de Montaignac lui attacha sur sa veste, en bonne compagnie (1).

(1) L'Académie française, dans sa séance annuelle de 1887, a décerné à Hippolyte Baude le prix Germond.

Comme aspect, rien d'un héros : une bonne figure timide, plutôt celle d'un prêtre que d'un loup de mer, avec une expression tout à fait douce : l'allure lente et balancée du matelot à terre, et, comme signes distinctifs, sa perruque que le vent respecte, et deux petits anneaux aux oreilles.

Ces ornements-là ne sont pas rares chez les pêcheurs de la Basse-Normandie. Mais cela n'empêche point Polyte d'être un maître dans son métier et d'avoir raison de la mer la plus furieuse. Les hommes du canot de sauvetage ont en lui une confiance absolue, et quand Polyte tient la barre, personne ne recule. On les a vus souvent à l'œuvre, les braves gens !

Il y a tantôt huit ans, lors du naufrage du *Bolivia*, sous Montfarville, c'était Polyte qui commandait, qui dirigeait le bateau de sauvetage, au milieu de cette terrible et glaciale nuit de janvier où le vent et la mer faisaient rage, sans compter la neige qui aveuglait les hommes et qui mangeait les feux. Le raz de Gatteville, au fort de la bourrasque, faisait une musique du diable, et l'énorme phare, masqué par la neige, brillait de temps en temps seulement, comme une chandelle rouge, entre deux rafales.

On rappela cela, dans le rapport général, à la séance du Grand-Hôtel, et je vois encore les physionomies surprises de tant d'assistants, en voyant ce petit homme dont l'extérieur n'avait rien d'imposant. Ils sont tous comme cela, sur la côte normande et partout, timides comme des filles et rougissant pour des riens.

Il faut, pour illuminer ces curieuses physionomies, les provocations de la mer. Alors ils se transfigurent et accomplissent des actes homériques.

Polyte a sauvé des hommes, au risque de se perdre cent fois, mais il n'est pas décoré. Le jour où l'on attachera à sa vareuse de pêcheur cette croix si vaillamment méritée, il pleurera comme un enfant qu'il est, trouvant, sans doute, que c'est justice de l'avoir fait attendre ainsi.

Mais en attendant les récompenses gagnées, il faut vivre, et pour vivre il faut pêcher. Polyte, célibataire, aurait pu faire des affaires assez bonnes, et il en faisait; mais, dans son équipage, il avait un frère, et ce frère, marié, n'a pas moins de huit enfants.

En voilà des bouches à nourrir ! et tous les gains du patron passaient dans le ménage ; il n'y a pas plus paternel que ces vieux et incorrigibles garçons.

Or, il y a de cela quelques mois, le *Saint-Pierre* était mouillé, par forte brise, à une trentaine de milles au large de Barfleur. La Manche n'est pas profonde et l'on y peut mouiller à peu près dans tous les parages.

Le *Saint-Pierre* était donc à l'ancre, dansant sur les vagues. Pour donner moins de prise au vent, les mâts étaient amenés et reposaient horizontalement sur une fourche en fer posée dans les bordages.

Les choses allaient bien, on faisait bonne pêche, et les gros congres voraces donnaient à plaisir. Les hommes les hissaient à bord, et, à mesure, les lovaient dans de grands paniers-mannequins qu'ils recouvraient de paille et ficelaient une fois remplis.

Ce n'était point tempête, mais quand les hautes vagues jouaient avec le fragile navire, comme avec un bouchon, le patron se disait qu'il faudrait ouvrir l'œil en regagnant Barfleur et se tenir à bonne distance du raz qui n'est point commode, même par les brises les plus maniables. D'autant plus que le jour baissait, et que le soleil, en se couchant, faisait à l'horizon de grands trous blanchâtres qui ne disaient rien de bon.

Tout en se faisant ces réflexions, le patron surveillait tout et n'était point mécontent, la pêche étant bonne. Son idée était de faire quelques provisions d'hiver avec les bénéfices réalisés depuis quelque temps : du bois d'abord, pour réchauffer les enfants et, pour les nourrir, un baril de lard salé, à même lequel on prendrait tous les dimanches, et, ma foi ! un bon tonneau de cidre de l'année, pour trinquer à la mémoire des anciens, et aussi pour se rafraîchir la bouche, pendant un copieux repas de viande conservée. Polyte s'y voyait, tout en ayant l'œil à la besogne, et il en souriait d'aise, en songeant à la petite aisance qu'il allait mettre là-bas, dans la maison commune, pendant les longs jours de la saison mauvaise.

Et voilà qu'au milieu de tous ces beaux rêves, il poussa un cri terrible.

IL NE FIT QU'UN BOND, ET D'UN COUP DE HACHE COUPA LE CABLE.

Par le travers du *Saint-Pierre*, une chose énorme, monstrueuse, apparaissait. La mer se brisait dessus avec un acharnement sauvage, et ce qu'il y avait d'affreux, c'est que la masse avançait avec une rapidité vertigineuse. Et l'ancre qui tenait par le fond et les mâts qui étaient amenés, et les hommes qui ne voyaient rien et qui tout à l'heure !...

Polyte ne fit qu'un bond jusqu'à l'avant et d'un coup de hache coupa le câble ; mais au même instant l'énorme transatlantique, qui n'avait rien vu, passait, avec des mugissements de vapeur qui ressemblaient à des hurlements furieux de bêtes fauves, broyait le *Saint-Pierre* et, surpris lui-même par le choc, stoppait.

Dans le large sillage blanc bouillonnant qu'il laissait après lui, les cinq hommes du *Saint-Pierre* apparaissaient comme de petits points noirs se soutenant sur l'eau avec peine, et poussant des cris déchirants qui se perdaient presque dans le tremblement.

On mit les embarcations à la mer et on les sauva ; puis, comme il n'y avait pas de temps à perdre pour entrer au Havre à la marée, on fit force de vapeur, pendant que les planches disjointes et les mâts du *Saint-Pierre* s'agitaient, dans les remous, d'une manière fantastique, se heurtaient, se déchiraient et achevaient la besogne de ruine commencée par le paquebot.

La Compagnie a désintéressé le patron Polyte dans une large mesure ; mais elle ne pouvait tenir compte de son rêve, si brusquement coulé au fin fond de la Manche. Aussi le patron ne veut-il plus commander et se contente-t-il de faire la petite pêche, après avoir placé le maigre capital que représentait sa barque.

Il ne prendra plus le large que quand la trompe d'alarme appellera les hommes du bateau de sauvetage. Alors on le verra à la barre poussant droit dans le cyclone, solide comme jadis à bord du *Saint-Pierre*, et pas fâché de se retrouver aux prises avec la bourrasque et de se colleter avec elle, pour lui arracher quelques victimes. Jamais on ne saura trop dire ce que sont ces gens-là.

A LA BELLE ÉTOILE

Il y a des semaines et des semaines que les champs n'ont bu à leur soif.
Les herbes, à demi grillées, prennent des teintes jaunes et ressemblent, le
long des routes, à de vieux tapis usés, que les moutons broutent, par un
reste d'habitude. Le ciel, d'un bleu imperturbable, pèse comme un ciel
équatorial, et, la nuit venue, les étoiles s'y allument, l'une après l'autre,

les petites, les grandes, jusqu'à ce que les constellations se trouvent complètement formées, et, au milieu de tout cela, roulent les planètes qui
passent, en apparence, à travers tout ce fouillis, sans s'y heurter jamais,
depuis le monstrueux Jupiter jusqu'au mystérieux Saturne, toujours enserré
dans ses larges anneaux. Et puis le soleil se lève de nouveau, éteignant
tous ces flambeaux et recommençant sa besogne incendiaire de la veille.

Le long de la route couverte de poussière blanche ou rougeâtre, selon la nature des terrains, les paysans marchent accablés, le pas lourd, les cheveux collés aux tempes, la mine soucieuse.

C'est un mauvais temps pour les gens de la terre, et aussi pour le bétail, qui ne trouve plus à boire. Sur les toits de chaume des maisons champêtres habituellement fleuris, il n'y a plus rien que des tiges flétries et desséchées, brûlées par ce soleil torride, qui ne perd pas un de ses rayons, malgré le vent de nord-est, qui ronfle comme une forge, et si persistant, qu'il ne s'assoupit même pas, une fois la nuit tombée.

Un de ces derniers matins, il y a quelques jours, nous voilà partis, en famille, par une route connue de mon enfance. Ce sont là les voyages les plus charmants.

A chaque pas des souvenirs s'éveillent, on respire des senteurs matinales qu'on n'a respirées nulle part ailleurs, du moins à ce qu'il semble. Les femmes travaillent déjà, cousant ou tricotant des bas, sur le pas de leurs portes, pendant que les hommes sont partis aux champs où l'on va scier les derniers blés et les dernières orges. C'est la fin de l'été, et l'automne s'annonce; on le sent venir, aux tons cuivrés des hêtres qui roussissent, aux floraisons tardives qui bravent la sécheresse et se montrent, à travers les ronces et les fougères, au silence de la campagne où les passereaux s'apprêtent à partir et ne chantent plus.

Cela paraît étrange vraiment, dans ces pays de bocages épais, si bruyants et si tapageurs au temps des renouveaux. Les pauvrets, probablement, sont altérés comme la terre; et c'est à peine si, le long des cours d'eau à demi desséchés, on aperçoit la fuite rapide et brillante d'un martin-pêcheur.

Que voulez-vous, ce sont les hasards des saisons ! Hier trop d'humidité, aujourd'hui trop de sécheresse; et l'homme n'est jamais content. Ce serait bien pis, cependant, s'il avait la direction des choses, et s'il pouvait mener à son gré les éléments.

N'importe ! la matinée est joyeuse. Les maisons proprettes scintillent sous les rayons incandescents de l'éternel soleil. En voici une, la dernière, tout au bord de la route. Voilà trente ans que je la connais, et je sais qu'avant d'en rencontrer une autre, il faut parcourir un bon kilomètre de chemin. C'est ce qu'on appelle le voisinage.

Mais on ne sait pas de voleurs dans le pays ; et puis, s'il y en avait, ils seraient les premiers volés, car il n'y a pas grand'chose dans la maison : un lit, un buffet, quelques hardes pendues çà et là, des outils de jardinage, des plats fleuris sur une pauvre étagère, des vases en terre de Sauxemesnil, un chaudron reluisant comme de l'or, ainsi qu'une poêle aussi

dorée que le chaudron, où l'on fait la bouillie de sarrasin presque tous les jours.

Seulement, attenant au logis, l'on voit une étable étroite où la vache, une fortune, repose sur de bonne litière ; et lorsque nous passons, une fillette, sur le seuil, les cheveux ébouriffés, un peu crasseuse, nous suit des yeux d'un air extrêmement curieux, et semble se demander ce que viennent faire par là des gens qu'elle n'a jamais vus.

Il y en avait, comme cela, il y a trente ans, trois ou quatre, il m'en souvient ; mais les fillettes, c'est comme les arbres et les plantes, ça pousse et ça meurt. Peut-être quelques-unes des femmes déjà mûres qui nous saluent au passage étaient-elles les fillettes d'alors et, comme celle-ci, le doigt dans la bouche, et toutes prêtes à fuir, se hasardaient à regarder les messieurs et les dames de la ville. Il ne faut pas si longtemps que cela pour changer les choses et les hommes !

Je ne saurais dire pourquoi cette pauvre maison m'a frappé plus que les autres, mais, malgré moi, je me retourne. Un filet de fumée bleuâtre sort de sa cheminée branlante et moussue. Comment une étincelle sortie de là n'a-t-elle point, par ce temps torride, mis le feu au toit? c'est miracle. Il n'y en aurait pas pour longtemps, allez! cela flamberait comme une draperie et il ne resterait bientôt que les quatre murailles, et encore!

Quelques heures après, pendant que nous nous promenions lentement dans le parc ombreux d'une maison hospitalière, quelqu'un qui survient nous apprend une mauvaise nouvelle. Là-bas, à trois kilomètres de la ville, une maison, une masure vient d'être la proie des flammes.

En une demi-heure, tout au plus, le sinistre s'est accompli, et ce n'est que grâce à deux gendarmes en tournée qu'on a pu sauver quelque chose, et quoi? une méchante paillasse, le buffet de bois blanc, et c'est tout. Véritable feu de paille, allumé on ne savait dire comment. Le passant, d'assez loin, avait aperçu de la fumée, puis, à mesure qu'il avançait, de la flamme, et, arrivé sur le lieu du sinistre, plus rien qu'un écroulement de décombres noircis entre les quatre murs, et, sur la route, des femmes affolées, une fillette qui poussait des cris inarticulés, et les deux gendarmes qui, après avoir fait tout le possible, enfourchaient leurs chevaux et reprenaient au grand trot le chemin de la sous-préfecture.

Je m'informe, je demande des détails. C'est elle, peut-être, la masure solitaire, à moins que ce n'en soit une autre, plus éloignée. Mais non, celle-ci est inhabitée, décrépite, plus vermoulue, et s'il n'y a pas de vitres à ces fenêtres, il y a de nombreuses crevasses à son toit. Une maison comme celle-ci brûlerait que cela ne ferait de mal à personne. A coup sûr, c'est

8

l'autre, celle où la fillette, sur le seuil, regardait passer notre voiture, en roulant entre ses petits doigts le bout de son tablier poisseux.

En route ! nous voilà repartis, un peu avant le coucher du soleil à travers la campagne embrasée. On dirait même que le vilain vent de nord-est s'est apaisé, car on ne voit pas le moindre tourbillon de poussière rouler ses spirales asphyxiantes. Le peu qu'il y en a est soulevé par les pieds du cheval et par les roues de la voiture, et elle retombe aussitôt sur nous et derrière nous.

Le grand soleil rouge s'en va de plus en plus du côté de Cherbourg, et voilà que là-bas, tout au bout du chemin, le squelette fumant apparaît. C'est bien elle, la maison de tantôt, mais il n'y a plus rien que des pierres branlantes et toutes noircies, presque calcinées. Il semble que d'une poussée on abattrait ces misérables ruines.

Entre les quatre murs, des débris sans nom fument encore en répandant une odeur nauséabonde. C'est un amas de cendres au milieu desquelles on aperçoit des débris de vaisselle, des plats et des morceaux d'assiettes fendues par l'intensité du foyer, et le grand chaudron dont l'étamage, réduit en fusion il y a quelques heures, s'en est allé en filets de métal fondu dont quelques-uns, maintenant solidifiés, pendent encore en dehors comme des cristaux de glace au bord d'une gouttière.

La toiture, embrasée en un instant, s'est abattue en dedans et a tout détruit sous son étreinte ardente. La vache, agonisante, la robe brûlée, les yeux éteints et sanglants, râle, au bord du fossé, la langue pendante, les oreilles et la queue rôties, bonne tout au plus pour l'abattoir, ou plutôt pour être abattue à cet endroit même où les gendarmes l'ont traînée, non sans peine, presque portée.

De l'autre côté de la route gisent la pauvre paillasse, le buffet, la poêle à bouillie et rien autre chose. Seulement, sur la paillasse, une femme, jeune encore, est assise, la tête dans les mains et, entre les doigts, les larmes coulent à flots pressés. Ce n'est que bien à peine qu'elle répond à nos questions.

Comment cela s'est-il passé ? C'est la fillette au tablier qui, avec une allumette dérobée, a mis le feu dans l'étable. On s'est aperçu, aux beuglements effrayés de la vache attachée, qu'il devait se passer quelque chose d'étrange ; mais il était trop tard et tout flambait déjà comme un feu d'artifice. Sortis de la maison, impossible d'y rentrer, excepté les deux braves gendarmes, accourus au galop de leurs montures, et qui avaient tiré au dehors, au péril de leur vie, et la vache et le peu qui se voyait là, sur la route, c'est-à-dire rien.

L'homme était parti en quête d'un abri pour la nuit, affolé aussi, en présence de ce désastre, de sa ruine ; car, de ses outils de jardinier des champs, il ne restait pas même un morceau de fer, tout ayant fondu dans le brasier.

Voilà ce que j'ai vu, il y a quelques jours, aux dernières lueurs d'un soir superbe, et dans un des plus ravissants paysages que je connaisse ; et c'est le cœur serré que j'y pense encore et que j'écris ces lignes, ayant toujours devant les yeux cette pauvre femme réduite à la misère avec les siens, dans l'espace de quelques instants, assise sur la maigre paillasse à l'ombre allongée des grands hêtres, en face de sa vache expirante et de sa maison brûlée.

Mais, rassurez-vous : grâce à quelques âmes bienfaisantes, nous pûmes parer aux premières difficultés, et l'aisance champêtre est rentrée avec le travail dans la famille laborieuse.

LES OIES DU CHATEAU DE PIROU

Sur la côte normande de la Manche, depuis l'embouchure de la Vire dans le golfe des Veys, jusqu'à la baie du mont Saint-Michel, des quantités innombrables d'oies sauvages s'abattent, à une certaine époque de l'année, principalement au temps des froids rigoureux. Il me souvient qu'étant enfant, c'était, je crois, vers 1854, où la saison fut rude, je passai une quinzaine dans une de ces vieilles redoutes côtières qui sont devenues inutiles et que l'État avait cédées à des particuliers, contre bon argent. L'endroit s'appelait Audouville, entre Sainte-Marie du Mont et les dunes de Saint-Marcouf, alors presque solitaires, dénudées, véritables nids de lapins, dont les terriers apparaissaient, dans le sable, comme autant de trous d'obus.

Le vent immuablement fixé dans le Nord-Est, le vent d'amont, comme on dit, le plus froid, le plus dur et le plus dangereux de tous ces parages, soufflait et sifflait à travers les herbes drues et piquantes, les seules qui poussent le long de la mer, durcissait l'écume des vagues sur la grève, et quand l'eau était basse, on recueillait, dans les flaques, des poissons gelés. A l'heure du crépuscule, les oies sauvages arrivaient par bandes, volant très haut, en triangle, avec des cris singuliers qui font un effet bizarre quand on les entend une fois la nuit close. La plupart gagnaient les Veys, où elles s'abattaient à l'abri des fusils et trouvaient une nourriture de choix. Malgré cela, les riverains en faisaient un véritable carnage. Il y en avait trop pour qu'il n'en restât pas quelques-unes.

La chair n'en est cependant pas délicate, huileuse qu'elle est et insupportable au goût, à moins qu'elle ne soit longuement dégraissée. Mais les gens de la mer ne sont pas difficiles et s'en régalent, à l'occasion. Cette année-là, ce fut un massacre. On se mettait à l'affût dans les dunes, la plupart avec de mauvais fusils à un coup, fortement bourrés et chargés de gros plomb, quelquefois de chevrotines, car on tirait au vol et les projectiles glissent sur l'épais duvet des oiseaux de mer quand on ne sait pas profiter et du vent et de la direction que les voiliers suivent.

Le soir venu, on causait, autour de la cheminée, des résultats de la chasse, du nombre des victimes, des pronostics que les initiés peuvent lire dans leur vol et, naturellement, de choses merveilleuses. C'est là que j'entendis raconter à un vieux paysan qui avait vu du pays, c'est-à-dire qui connaissait la côte depuis Carentan jusqu'à Avranches, la légende des oies du château de Pirou, entre Coutances et la lande de Lessay.

Cela ne date pas d'aujourd'hui et se passait du temps de Rollon, premier duc de Normandie, qui, avant d'être investi de son duché par le roi de France, bataillait pour son compte, se disant, sans aucun doute, que, la besogne accomplie, il n'y aurait qu'à consacrer les faits. Depuis lors, j'ai retrouvé le récit dans les livres, sans la moindre variante, mais dépourvu de la couleur que savait lui donner le conteur naïf. Peut-être aussi qu'alors il frappait davantage ma jeune imagination, très mal à l'aise quand la nuit était venue, après l'audition de quelque histoire fantastique, et quand le vent d'hiver, sec et sifflant, apportait mille bruits étranges qui font que l'enfant, comme malgré lui, cherche la sécurité sous ses couvertures.

Or il arriva que le bon Rollon, s'étant emparé de tout le Cotentin, se trouva, un beau jour, arrêté devant les murailles du château de Pirou, dont l'origine se perdait dans la nuit des temps, et que l'on disait bâti par des fées.

Aujourd'hui, les fées ne bâtissent plus rien et se sont retirées d'un monde où l'on ne croit plus à leur puissance. Dans ce temps-là, il n'en était pas de même, et il était visible pour chacun que ces larges fossés avaient été creusés et que ces tours et donjons, merveilleusement hauts, avaient été construits par des puissances surnaturelles. Sans quoi, donjons, murailles et fossés n'auraient pas plus arrêté l'invincible Rollon, que tant d'autres châteaux forts dont il avait eu raison rien qu'en se montrant au pied des murs, avec ses hommes qui ne plaisantaient pas et que rien n'était capable de faire reculer. Aussi fut-il grandement surpris d'une résistance qu'il n'attendait pas, et, ne pouvant prendre la place de vive force, il l'investit. Le Normand, quoique vaillant et hardi, était prudent et sage et savait que la lutte n'est pas possible quand on n'a plus rien à se mettre sous la dent.

De leur côté, les défenseurs du château de Pirou avaient solennellement juré de se défendre jusqu'à la dernière extrémité et de ne céder qu'à la famine, qui arriva.

Un beau matin, le futur duc de Normandie fut fort surpris de ne plus voir personne sur les remparts. Derrière les murailles le silence était complet; on eût dit une forteresse abandonnée. D'abord le rusé crut à une ruse, mais le silence se prolongeant outre mesure, il finit par juger bon de s'en assurer, fit dresser les échelles et lancer des multitudes de projectiles pour protéger les assaillants, qui couronnèrent bientôt les remparts sans rencontrer la moindre résistance, et reconnurent que la place était vide.

Par où les assiégés avaient-ils pu fuir? Comment s'étaient-ils dérobés? Peu importait! Le château de Pirou appartenait aux Normands, qui se promettaient bien de s'y établir à long terme.

Or, voici ce qui s'était passé. Les seigneurs de Pirou, gens experts en magie, de père en fils, se voyant réduits à la dernière extrémité et ne voulant point se rendre aux brigands du Nord, s'étaient transformés en oies sauvages et avaient pris leur vol, en passant par dessus les assaillants, qu'ils saluèrent sans doute de leurs cris.

Mais, allez donc croire que des guerriers bardés de fer puissent se changer en oies sauvages et remplacer leurs armures par un épais duvet, et leurs voix mâles par des cris disgracieux !

LE CHATEAU DE PIROU.

Seulement, dans leur empressement à accomplir l'œuvre magique, les seigneurs oublièrent de consulter le grimoire où se trouvait indiquée la

manière de reprendre la forme humaine, si bien que, oies devenus, à leur gré, oies ils sont restés depuis, en dépit de tout.

Depuis lors, à ce que raconte la tradition, il ne se passe pas une année sans que les pauvres oiseaux reviennent au nid, c'est-à-dire au château, faisant leurs couvées dans les fossés, dans les trous et crevasses des murailles ruinées, tant et si bien que, de saison en saison, il en arrivait des quantités de plus en plus considérables, au point d'obscurcir le ciel, sur une vaste étendue, car un chacun sait que les oiseaux sont plus prolifiques que les chevaliers, de sorte que toutes les oies sauvages qui se ruent, en hiver, sur la côte bas-normande, descendent peut-être des seigneurs de Pirou condamnés à jamais, pour expiation d'un moment de négligence.

D'autant plus que les Normands de Rollon, pour se venger du temps qu'on leur avait fait perdre, avaient commencé par brûler le château et, bien entendu, tous les livres qui s'y trouvaient, sans excepter les livres de magie.

Telle est, en abrégé, la légende du château de Pirou, pris par le bon Rollon. J'ignore si dans les ruines des anciens remparts, les descendants d'aussi illustres pères peuvent trouver encore à nicher. Tout ce que je sais, c'est que, pendant les quelques nuits qui suivirent le récit du vieux riverain, quand les bandes d'oies passaient en jetant leurs cris monotones, je tenais pour sûr que les héritiers des seigneurs de Pirou fendaient l'air pour gagner le château fort des ancêtres, et que je refusai pendant longtemps de mordre dans la chair rôtie des victimes tuées au passage, dans la crainte de mettre les dents à ce qui jadis avait été de la chair humaine.

Quant au conteur, il n'avait point de ces scrupules, et, tout en relatant ce que je viens de dire, s'interrompait de temps en temps pour avaler une forte bouchée d'un défenseur du château de Pirou, qu'il coupait à même une tranche juteuse et fleurant l'huile, serrée entre son pouce et un respectable morceau de pain bis.

LE CHIEN DU PATRON

La barque de pêche *Ernestine*, du port de Barfleur, comptait un équipage de quatre hommes, dont le patron, en plus un mousse et le chien de Terre-Neuve, Matapan. Le patron avait rapporté celui-ci de Saint-Pierre, dans le

temps où il faisait la grande pêche, à bord d'une solide goélette de Granville, en qualité de matelot.

Matapan étant tout petit et ne tenant guère de place, le gabier Rouxel l'avait logé dans son hamac où, pendant la nuit, le chien ronflait comme les hommes qui n'étaient pas de quart; puis il l'avait ramené à Barfleur, dans son sac, où Matapan, pas trop à son aise, protestait à sa manière.

Une fois de retour, Baptiste Rouxel, avec ses économies, acheta, pour pas grand'chose, une vieille plate qu'il fit radouber, et, les réparations faites, enrôla des camarades, choisit un mousse qui était quelque peu son cousin, et se mit à faire, pour son compte, la pêche du congre, dans la Manche, où le vent d'hiver secoue les barques comme des feuilles et les essaime à tous les points de l'horizon.

A bord de l'*Ernestine,* Matapan grandissait peu à peu ; son poil frisottant s'allongeait, noir par places, blanc à d'autres, sombre comme de l'ébène ou clair comme de la neige. Il était la joie du petit équipage et le favori de Baptiste Rouxel descendait à terre rarement, se trouvant mieux dans les coins du navire, sur les prélarts, au milieu des cordages enroulés, roulé lui-même, le mufle sur la queue, faisant semblant de dormir, mais ouvrant de temps en temps un œil, pour voir ce qui se passait à bord et si des intrus, profitant de l'absence des hommes ne s'y glissaient point, histoire de voler quelque voile de rechange, un bout de corde ou un aviron.

Matapan n'aimait point les maraudeurs, et l'avait maintes fois prouvé.

En mer, Matapan rendait également des services, ramassait dans sa gueule les écoutes qui traînaient, et on l'avait vu, dans les temps maniables, la barre du gouvernail entre les crocs, ferme sur ses quatre pattes et maintenant ainsi la barque en bonne route, sans lui permettre ce que les marins appellent une embardée.

Maître Rouxel en était tout fier et n'aimait personne au monde plus que son chien.

Matapan était sa seule joie, dans cette existence dure des pêcheurs qui n'a pas de lendemain assuré, et qui se passe entre le ciel et l'eau, par le chaud et par le froid, par calme et par tempête, l'homme toujours ruisselant sous les coups de mer, perdu dans l'immensité et n'ayant, comme témoignage de son existence, aux yeux de tous ceux qui roulent comme lui sur et sous les vagues, qu'un petit fanal maintenu dans les haubans, à la lueur si faible qu'elle se perd dans les embruns et que les grands steamers qui ne l'aperçoivent pas passent sur la barque et la coulent comme rien du tout, après l'avoir éventrée.

Qui racontera, comme elle mérite d'être racontée, la vie terrible de ces gens de mer, prolétaires de l'Océan, dont l'existence même est à la merci des saisons, et qui sont exposés à mourir de faim, s'ils reculent devant le gros temps, et s'ils ne vont point chercher le morceau de pain qu'il leur faut, pour eux et pour les leurs, dans les replis des vagues furieuses ?

Maître Baptiste Rouxel, non sans peine, joignait, comme on dit, les deux bouts. Mais c'était un marin fini, comme il n'y en avait pas deux, depuis Grand-Camp jusqu'à Cherbourg.

Sa barque, l'*Ernestine*, légère comme un liège, semblait se rire des plus gros temps et se jouait, dans les grains les plus rudes, comme une dorade le long des flancs d'un gros navire. Rarement il tenait compte des avertissements du baromètre, sortant sans hésitation et rentrant sans avarie grave.

Pour que maître Rouxel restât à terre, les bras croisés, il fallait que le vent d'amont poussât droit dans la passe de terribles paquets de mer et fît, à l'entrée, une énorme barre d'écume blanche passant par-dessus la jetée, par-dessus les phares, et roulant ses volutes emmêlées avec un fracas épouvantable, jusqu'au fond du port, sur les rochers couverts de varechs où elle se brisait, en lançant des éclaboussures jusqu'aux nuages.

Parfois maître Rouxel, comme bien d'autres, était sorti quand même, par ces temps de tremblement qui ne se montrent guère que dans la saison hivernale, quand l'eau de mer, quoique violemment remuée, gèle sur les coques des navires, sur le pont, et finit par pendre en fines aiguilles de glace, le long du bord, le long des vergues et le long des cordages; mais c'était à bord du bateau de sauvetage, quand le canon d'alarme tonnait au large ou quand les sémaphores annonçaient un navire en perdition dans les parages.

Dans les quelques rues du village, la trompe résonnait, appelant les hommes de l'équipage. Cela n'était pas long. Au bout de quelques minutes, tout le monde étant installé à bord, le patron à l'arrière et le sous-patron à l'avant, on roulait le bateau jusqu'à la mer, et, dans ces occasions-là, Matapan, vieilli, et marin d'expérience, partait avec les hommes, sautait dans l'embarcation et s'installait auprès de maître Baptiste Rouxel, les yeux sur la haute mer qui mugissait, sous les furieux assauts du vent qui la poussait et la bouleversait.

Un jour, par un temps effroyable, l'*Ernestine* rentra à moitié désemparée, ses deux mâts rompus au ras du pont, les voiles et les cordages en pagaille le long du bord, les pavois défoncés, enfin, dans un état lamentable.

Assaillie par un coup de vent aux abords du raz de Gatteville, noyée soudain dans l'ombre la plus profonde, enveloppée dans le grain comme dans un sépulcre, secouée, tordue, sans qu'il fût possible aux hommes de se reconnaître, c'est poussée par le vent de nord-est qu'elle avait pris d'elle-même la direction de Barfleur; et lorsque, dans l'accalmie relative qui suivit le premier assaut, le ciel se déchira en une ouverture assez large pour permettre de voir ce qui se passait, deux personnes manquaient à bord, le patron Rouxel et son chien Matapan.

Généralement ces grains subits n'ont pas de durée. Déchaînés avec une exceptionnelle violence, ils s'apaisent avec autant de spontanéité qu'ils se sont élevés; mais, pendant que dans le ciel roulent les dernières saletés de l'orage, la mer, remuée jusque dans ses profondeurs, se brise longtemps avec la même furie.

Comment maître Rouxel s'était-il perdu? Où avait-il été emporté?

Les hommes interrogés n'en savaient rien; peut-être très loin, peut-être très près du bord. Matapan seul sans doute l'avait vu partir, roulé par la lame et, comme lui, était disparu dans l'écume.

Que faire, dans un pareil chaos, au milieu des hurlements du vent et des hurlements de la mer, au milieu des ténèbres surtout, et quand on n'a rien vu de la catastrophe?

Que tenter, avec une coquille de noix, ballottée en tous sens, quand on n'entend rien que le fracas impitoyable de la rafale, et quand on n'y voit rien, pas plus que dans un trou creusé à vingt pieds sous terre?

Alors, instinctivement les riverains accourus tournent les regards vers cette terrible mer qui prend tout, les faibles et les forts, les roule les uns et les autres dans un blanc linceul d'écume, et les rapporte, la plupart du temps, dans quelque crique de la côte, les laissant là, sur le sable et dans les goémons, comme repentante de les avoir pris, ou comme si elle manquait de place pour les garder.

Pour sûr, à la marée du lendemain, on trouverait le cadavre de maître Rouxel et celui de Matapan, à moins que le raz jaloux ne les eût engloutis et couchés tous deux dans quelque fissure rocheuse de ses bas-fonds.

Il n'y avait pas si longtemps qu'un côtre de plaisance s'était perdu là, coulé à pic, et par beau temps encore! Et qu'en avait-on revu? ni un homme ni une planche.

Tout à coup, pendant que les pêcheurs amarraient à son pieu ce qui restait de l'*Ernestine*, on entendit, parmi les fracas affaiblis de la tempête qui se mourait, comme une série d'aboiements étouffés, de gémissements lamentables plutôt, mais si peu accentués, que l'on crut à une illusion.

N'importe! on regarda, et, vers l'entrée du port, à l'aide de lunettes marines, on aperçut dans l'écume des vagues encore déchaînées la tête de

Matapan, le terre-neuve de maître Rouxel; et bientôt sur les rochers qui peu à peu se découvraient, on le vit aborder, traînant avec peine une forme humaine, le corps du patron, qui n'était sans doute plus qu'un cadavre.

Aussitôt la foule se précipita, et quand elle arriva, couchés l'un près de l'autre, les deux corps, celui de l'homme et celui du chien, étaient étendus immobiles et parfois noyés par une vague plus haute, comme si la mer déçue eût voulu les reprendre.

L'homme, quoique parfaitement inerte, n'était pas mort, et le médecin de Barfleur, accoutumé à ces sortes d'opérations, s'efforça de rappeler d'abord la chaleur qui, de plus en plus, s'en allait.

Mais, les précautions les plus indispensables une fois accomplies et même avant que le patron Rouxel eût repris connaissance, le médecin fit chercher une civière sur laquelle on l'étendit, pour l'emporter.

Alors, tous ceux qui se trouvaient là présents furent témoins d'une chose singulière et qui fit venir les larmes aux yeux des plus endurcis.

Quand on souleva maître Rouxel pour l'installer sur la civière, Matapan, auquel on n'avait pas pris garde et qui, couché sur le flanc, râlait, se dressa, avec un effort pénible, sur ses quatre pattes tremblantes, comme pour suivre le cortège.

Mais on vit bien que ses forces le trahissaient et qu'il n'irait pas loin. Est-ce qu'il ne fallait pas aussi l'installer sur la civière et le ramener au logis en même temps que le maître qu'il avait sauvé?

C'est ce qu'on allait faire, mais on n'en eut pas le temps.

Matapan, debout sur le rocher glissant où il venait de déposer le patron à demi asphyxié, tourna vers la haute mer sa tête à moitié pendante; un dernier et fugitif éclair s'alluma dans son regard éteint; puis il se mit à aboyer après elle, douloureusement, comme après un implacable ennemi, chancela et retomba, cette fois pour ne plus se relever.

SOUVENIR D'ENFANCE

Est-il au monde quelque chose de plus charmant, de plus mélancolique à la fois, que l'évocation, dans la maturité de la vie, des souvenirs d'enfance ? Il n'en est pas, si petits qu'ils soient, qui ne restent vivaces et comme voisins. Nous avons beau vieillir, ils demeurent tout près de nous.

Entre l'enfance et l'âge mûr se creuse comme une sorte de vide qui engloutit une masse de faits. L'homme oublie ses joies, souvent même ses misères — des misères qui tiennent tant de place pourtant dans la vie des déshérités, — mais il garde la mémoire de son jeune âge.

On a vu des criminels verser des larmes quand on leur rappelait leur enfance, leurs jours lointains, à l'heure où l'exemple, la mauvaise éducation, l'hérédité peut-être, n'avaient pas développé chez eux les terribles germes du vice.

Rien n'est plus doux que d'errer à travers la campagne au moment du renouveau, dans cette campagne bas-normande, voisine de la mer, et où le courant chaud du Mexique fait pousser l'herbe et croître les fleurs.

On ne savait pas cela jadis, sans compter un grand nombre d'autres choses qu'on ignorait de même.

C'était le temps — je parle d'une trentaine d'années, une éternité — où des hommes remarquablement instruits dans les lettres, nos pères, n'avaient pas la moindre notion du télégraphe électrique, et où les simples, l'oreille appuyée contre les poteaux télégraphiques, s'imaginaient qu'une dépêche passait, quand le vent faisait de la musique avec ces immenses cordes de fil de fer qui suppriment la distance.

Que de changements depuis lors !

Paris est à une demi-journée, pour ainsi dire, des points extrêmes de la France, et la vie, menée à la vapeur, marche d'un train qui ne s'arrête jamais.

L'homme en est-il plus heureux ?

C'est une question que résoudra le temps. Mais quelle différence du calme d'autrefois avec cette agitation terrible d'aujourd'hui, où les moins actifs se dépensent d'une façon si insensée !

Ces pensées-là s'imposent, surtout lorsque le printemps revient, à l'heure des premiers beaux jours. La jeunesse de l'année rappelle presque fatalement la jeunesse de la vie, et quand on erre à travers la campagne, au hasard, sans savoir où, des parfums de plantes et d'arbustes vous rajeunissent tout d'un coup d'un nombre infini de jours.

Malgré moi, je mets la main à la poche lorsque j'entends le cri monotone du coucou, pour voir s'il y a dans le fond quelques sous ou quelques pièces blanches.

On n'est jamais pauvre quand on entend le coucou dans ces conditions-là.

Que de malheureux diables, dans les champs, errent encore, au mois d'avril, quelques sous oxydés dans la main, pour entendre ce prophète de bonheur !

Le moindre parfum de violettes, le long des haies, ressuscite des choses que l'on croyait à jamais ensevelies, et toute une avalanche de souvenirs s'abat sur vous, lorsque l'aubépine et le chèvrefeuille fleurissent, en même temps que les primevères, sur les talus, sur les clôtures des champs, autour des troncs d'ormeaux et dans le fouillis des branches de coudriers.

Il me reste un souvenir ineffaçable de ces jours de soleil dans la campagne féconde, quand les moissons se dorent, quand les fruits mûrissent, quand il y a des feuilles et des fleurs partout, dans les prairies, dans les blés presque mûrs où saignent les taches rouges des coquelicots, dans les herbes hautes parmi lesquelles s'étalent toutes les couleurs de la flore champêtre, et où coulent, avec un murmure réjouissant, un tas de petits ruisseaux qui chantent sur les cailloux.

Tout cela, c'est la joie d'hier qui ne s'évanouit jamais, même au déclin des années.

On oublie le reste, les chagrins, les injustices des hommes, les douleurs même ; mais l'enfance demeure éternellement au fond de l'horizon qu'elle domine, comme une montagne élevée, que le voyageur ne perd pas de vue en s'éloignant, et dont les contours atténués revêtent des couleurs plus charmantes au fur et à mesure de la distance.

Dans ce temps-là, notre bonne, Fanchon, me conduisait à l'école et venait m'y rechercher le soir.

Il fallait faire une bonne course à travers chemins et sentiers.

Tout en marchant, elle me racontait des histoires, ces vieilles histoires

campagnardes, toujours les mêmes depuis des siècles, et qui font se dresser les cheveux sur la tête des enfants les plus braves, pour peu que le soir tombe et que le vent souffle à travers les arbres, d'une façon lugubre.

Elle me tenait par la main, et nous n'allions point vite, et cependant il me souvient que je simulais bientôt la fatigue, histoire de me faire porter sur son dos.

Tous les jours c'était la même cérémonie. Fanchon ne voulait pas, ou faisait semblant de ne pas vouloir, pour se faire implorer ; alors c'étaient des discussions à n'en plus finir, des raisons que je donnais, d'autres qu'elle m'opposait, des refus, des prières, de l'éloquence même, pendant que le grand soleil du soir descendait tout rouge derrière les arbres, que les corbeaux regagnaient en croassant, d'un vol lourd, les bois voisins, et que quelques pies bavardes s'attardaient sur les branches des pommiers.

Enfin — il fallait bien en passer par là, — au premier mètre de cailloux, je m'arrêtais; Fanchon se baissait, je lui passais mes deux bras autour du cou; ses deux mains, à elle, se croisaient par derrière et me soutenaient vous savez comme, et nous regagnions ainsi la maison, Fanchon faisant des sauts de côté, comme un cheval fringant, partant soudain au galop, et hennissant parfois de toutes ses forces, pour que l'illusion fût plus complète.

D'autres fois elle poussait des cris inhumains et se recommandait au bon Dieu et à tous les saints, disant qu'elle avait le loup-garou sur le dos, et moi, prenant la chose au sérieux, je poussais des hurlements aussi terribles et prolongés que possible, comme en poussent, dans le lointain, les loups pendant les nuits d'hiver, autour des bergeries; et quand Fanchon prenait son galop en appelant au secours, il n'y avait pas d'enfant plus heureux que moi au monde.

Elles fuient trop vite, ces heures bénies, où les moindres choses sont des plaisirs parfaits, et où l'enfant désirerait peut-être s'arrêter en route, s'il devinait, s'il entrevoyait la méchanceté des hommes et les luttes nécessaires de la vie!

Un soir, nous revenions ainsi à travers les sentiers, avec des cris joyeux et des éclats de rire.

Fanchon, de bonne humeur, sautait comme un cabri, et, quand elle voyait une bonne place, à l'herbe drue et haute, elle se laissait tomber, tout doucement, sur les genoux d'abord, puis sur le nez, et je faisais la cabriole par dessus sa tête, comme un mauvais cavalier.

A quelque distance en avant, les autres gamins de l'école s'en allaient, leur petit bissac de provisions en bandoulière, mais vide, courant aussi, galopant et parfois se jetant des pierres.

Ça les ennuyait probablement de voir que nous prenions autant de joie, et parfois ils s'arrêtaient, me regardant avec une sorte de jalousie, et ayant l'air de se dire que j'étais un heureux gaillard

SOUDAIN FANCHON POUSSA UN CRI DE DOULEUR.

d'avoir une bonne qui se donnait tant de mal pour me faire plaisir.

C'est que c'était aussi presque une enfant, ma bonne Fanchon ! Les joues blanches et roses comme une pomme et la chevelure ébouriffée : dix-sept

ans, pensez ! On n'engendre point la mélancolie, à cet âge, surtout aux champs, et si les filles montrent parfois les dents, ce n'est que dans une suite d'éclats de rire.

Oui, ça les ennuyait de nous voir ainsi nous ébattre, les plus grands surtout, qui font toujours les malins, et qui, de loin, se mirent à nous lancer des pierres, d'abord sans intention de nous atteindre, mais s'excitant à mesure et excitant les autres.

Fanchon poursuivait son chemin et laissait faire, et moi, la tête sur son épaule, je regardais aussi ces diables qui s'enhardissaient, et dont les cailloux volèrent bientôt autour de nous, tombant même parfois en plein dans les jupes de Fanchon qui, me laissant suspendu à son cou par les deux mains, leur montrait le poing d'un air de menace et les apostrophait durement, en les mettant en demeure de s'enfuir au plus vite, sous peine de correction exemplaire.

Il n'y a rien de tel pour exciter des gamins, et les projectiles pleuvaient de plus belle.

Soudain Fanchon, d'un geste brusque, ramena sa tête devant la mienne et poussa un cri de douleur.

Une pierre, plus adroitement ou plus hasardeusement lancée que les autres, lui avait fendu la lèvre.

Je la vis, le visage tout en sang, quand elle me posa doucement à terre sur l'herbe, avant de se lancer sur le chemin, à la poursuite du plus grand des petits bandits, qu'elle atteignit en un clin d'œil.

Alors, à une cinquantaine de mètres de l'endroit où j'étais, quelque chose d'étrange se passa.

Sous son bras gauche, elle maintint la tête du malheureux, qu'elle appuya contre sa hanche; de la main droite, passez-moi le mot, elle le déculotta en un tour de main, et là, au milieu du sentier, pendant que l'essaim disparaissait dans toutes les directions, les uns grimpant dans les arbres, les autres franchissant les haies ou les barrières, elle lui administra une de ces corrections longues et vigoureuses, où le bourreau se fatigue peut-être autant que le patient.

Enfin, pour couronner l'œuvre, elle passa la main, à plat, sur sa blessure qui saignait toujours abondamment et marqua, en rouge, ses cinq doigts, sur... les deux joues du galopin qui ne demanda pas son reste et détala aussi vite qu'il le put, tenant, de chaque main, un côté de son pantalon, et pleurant, comme si quelqu'un le saignait, à fendre le cœur.

L'exécution accomplie, Fanchon revint près de moi, trempa son mouchoir dans l'eau du fossé et se mit à laver sa plaie ; mais celle-ci était profonde, et le caillou pointu avait fait trou dans la lèvre d'où le sang s'échappait toujours à larges gouttes précipitées.

Il fallut au plus vite regagner la maison, pour ne point inquiéter ma mère qui, sur le seuil, attendait, anxieuse déjà des quelques minutes de retard. En nous apercevant, elle accourut, et, voyant la pauvre fille ainsi ensanglantée, pensa tout de suite à moi, avec l'égoïsme maternel, et me saisit dans ses bras.

Ce fut seulement quand elle me vit intact qu'elle interrogea.

Alors Fanchon raconta tout ce qui s'était passé, l'agression des gamins et la peur qu'elle avait eue de me voir blessé par une de ces pierres qui pouvaient m'atteindre aussi bien qu'elle ; la preuve, c'est que je recevais en plein visage celle qui lui avait fendue la lèvre, si, la voyant venir, elle n'avait porté sa tête où elle savait la mienne.

Quant à sa blessure, c'était bien le cadet de ses soucis : elle avait préservé le petiot !

A la maison, ma mère ramassa, dans les coins du cellier, tout ce qu'elle put de toiles d'araignée et les appliqua sur la lèvre toujours saignante de Fanchon, de sorte que, toute la soirée, celle-ci ressembla à un sapeur habillé en femme.

Aujourd'hui, quand je retourne au pays et que je retrouve Fanchon vieillie, mère de famille, mais toujours active et souriante, tout heureuse de revoir celui qui, pour elle, est toujours le petiot d'autrefois, en dépit des années, j'ai du plaisir à lui rappeler l'histoire, comme elle à l'entendre, ce qui ne l'empêche point de répéter, en riant, que j'exagère, et que tous ces Parisiens sont menteurs.

—————❧❈❧—————

LA PENDULE DE TANTE JUSTINE

I

Un matin, mon père entra dans ma chambre. C'était au printemps ; il pouvait bien être cinq heures, et je me réveillais à peine.

— Jean, me dit-il, j'ai une mauvaise nouvelle à t'apprendre.

Je me soulevai sur mon chevet, la tête dans la main, et j'observai le visage de mon père.

Il n'était point bouleversé ; tout au plus une légère empreinte de tristesse s'y laissait-elle apercevoir.

J'avais treize ans, et ma pensée se tournant aussitôt vers ce que j'avais de plus cher au monde, c'est-à-dire ce qui servait à mon plaisir, je songeai à un bel épagneul blanc avec de larges taches noires, que m'avait donné la tante Justine, un jour de distribution de prix.

— Fox est mort ! m'écriai-je.

Au même moment, Fox aboya, et, mon père ayant laissé la porte entr'ouverte, l'animal entra en jappant et sauta, sans plus de cérémonie, sur mon lit, où il se mit, suivant son habitude quotidienne, à me lécher les mains et le visage, frétillant de la queue et poussant de petits gémissements de joie, comme un chien satisfait.

Je regardai alors mon père, d'un air tout à fait étonné.

Il s'assit sur une chaise, près de la fenêtre qui s'ouvrait sur le grand jardin dont les quenouilles pointues s'inclinaient doucement sous le faible effort d'une brise matinale, et, sifflant Fox qui s'élança :

— Tante Justine est morte cette nuit, dit-il.

— Tante Justine ! m'écriai-je, tout surpris.

— A trois heures, elle s'est éteinte, pour ainsi dire, sans souffrance. Je me levai et me dirigeai à la hâte vers la fenêtre.

A deux cents mètres environ au delà de notre jardin, on voyait à travers les arbres la maison de tante Justine ; et souvent, dès le matin, elle à sa fenêtre, moi à la mienne, nous échangions un premier bonjour.

La sienne était ouverte, et dans l'ombre de la chambre j'aperçus une lumière, la lumière que l'on place auprès du lit des morts.

Pour la première fois de ma vie, je ressentis un grand chagrin. J'en ai subi d'autres depuis, bien plus terribles ; mais celui-ci frappa ma jeune imagination, au point que je n'en ai jamais perdu la mémoire.

J'avais toujours été l'ami de tante Justine. Elle m'avait toujours témoigné une sympathie si égale et si constante, qu'après mon père et ma mère, elle tenait la plus grande place dans mon cœur.

Le dimanche, elle recevait les parents, c'était son habitude, et comme il y en avait bon nombre, la table était bien entourée.

Chacun d'eux était plein d'attentions et de prévenances pour tante Justine, mais elle recevait tous les hommages d'un air de souveraine qui peut distribuer des grâces et les répartir comme bon lui semble.

Ma place était toujours près d'elle, à sa gauche.

La droite appartenait à M. Roche, le curé, dont je vois encore, après vingt ans, la bonne et loyale figure.

Je me trouvais tout fier de cet honneur, car, malgré mon jeune âge, j'avais remarqué la supériorité de tante Justine, et je n'aurais pas abandonné ma place pour tout au monde, lorsque, prenant elle-même mon assiette, elle la couvrait de friandises, en disant de sa voix déjà chevrotante, mais douce comme une musique :

— C'est pour mon petit Jean ; choisissons les plus belles poires et les plus mûres. C'est comme cela qu'il faut traiter les enfants, n'est-il pas vrai, Monsieur le curé ?

Cette manière d'être à mon égard excitait bien quelques jalousies ; mais on n'en laissait rien voir, de peur de froisser tante Justine, qui pouvait bien avoir dix à douze mille francs de revenu ; et comme elle avait, à maintes reprises, répété que ses héritiers auraient part égale dans le capital représenté

par cette somme, on n'osait pas se montrer trop jaloux à mon endroit.

Le dîner fini, on passait au salon, où chacun se plaçait à son gré, sauf tante Justine, qui s'enfonçait dans un grand fauteuil, au coin de la cheminée, et moi près d'elle, mes joues d'enfant à portée de sa main caressante.

Sur la cheminée, il y avait une pendule, oh! mais une pendule énorme, montée sur un socle plus volumineux encore; et quand l'heure était arrivée, un petit ange joufflu, sortant au-dessus du large cadran, sonnait dans une trompette de cuivre.

Dans mon enfance, je prenais à cela un plaisir extrême, et tante Justine répétait souvent:

— Quand je ne serai plus de ce monde, cette pendule sera pour Jean.

Et moi, qui ne savais pas encore ce que c'était que la mort, je me hissais sur les genoux de ma tante, et, l'embrassant à pleines joues, je lui disais:

— Oh! tante Justine, mourez donc tout de suite.

— Non, non, disait-elle, en me rendant mes caresses, pas encore; plus tard, petit Jean, cela vaudra mieux pour toi.

Le moment fatal n'en était pas moins arrivé, et tante Justine avait rendu au bon Dieu son âme douce et bonne.

J'allai la voir avec mon père. Elle était étendue sur son lit, les deux mains crispées sur sa poitrine, avec un chapelet entre ses doigts raidis, un lourd chapelet que l'abbé Roche avait rapporté de Jérusalem.

On aurait juré qu'elle dormait, et du sommeil le plus calme.

Je m'approchai d'elle pour l'embrasser une dernière fois. Le froid de sa joue me fit quelque chose, et, quand je sortis, je marchais sur la pointe des pieds, comme par crainte de la réveiller.

Et pourtant, je savais bien que je ne la verrais plus sur la terre; que je n'entendrais plus sa voix si affectueuse; je savais bien que la fenêtre de sa chambre n'encadrerait plus jamais son doux visage, que nos signaux du matin étaient pour toujours finis, et qu'enfin cette mort allait mettre un grand vide dans mon existence.

Le surlendemain nous la conduisîmes au cimetière, en dehors de la
ville, un peu au delà de la maison d'octroi, dans un champ qui borde la
route et où les tombes et les croix de pierre s'abritent sous les branches
tordues des pommiers.

Derrière le cercueil, une longue file d'amis s'allongeait, noire, sur la
route blanche, et les pas inégaux, mêlés au chant lugubre des prêtres,
produisaient une sorte de mélopée lugubre qui me pénétrait jusqu'au
fond de l'âme et m'arrachait des larmes.

Le soleil brûlant du matin faisait épanouir les fleurs normandes, le
long des haies, pâquerettes, pervenches et primevères, qui mettaient
dans l'herbe épaisse des touffes blanches, bleues et dorées, pendant que,
sur le passage du convoi, de chaque côté de la route, les oiseaux vole-
taient d'arbre en arbre, gazouillant, se poursuivant et passant parfois au-
dessus de nous, comme des flèches.

L'abbé Roche, avec l'aube blanche plissée, serrée à la taille par un
long cordon blanc, et ayant autour du cou sa plus riche étole noire, vint
lui-même jusqu'au bord de la fosse, et quand il jeta la première pelletée
de terre sur le cercueil, une larme vint aux bords de ses paupières ; mais
il se remit très vite, et, me prenant par la main, tandis que l'assistance
défilait, pour jeter l'eau bénite :

— Regarde bien là-dedans, me dit-il, et surtout ne t'effraye pas, car
tante Justine n'est plus là. Tout ce qu'il y avait de bon, de noble et de
saint en elle est parti là-haut, et c'est de là qu'elle priera pour nous
désormais, pour nous qui l'avons tant aimée, jusqu'à ce que notre tour
soit venu d'aller la rejoindre.

— Et que faut-il faire pour cela, Monsieur le curé ? lui demandai-je.

— Rien qui puisse lui déplaire, me répondit-il, car on ne dort pas au
séjour qu'elle habite maintenant ; les morts ont toujours un œil ouvert
sur les actions de ceux qui leur étaient chers ici-bas, et ce sont eux qui
nous regardent à travers les étoiles.

II

Tante Justine ayant maintenant pour demeure le paradis, ceux qui avaient à soigner leurs intérêts en ce monde se rappelèrent qu'elle était riche ; et comme elle avait annoncé elle-même que son testament, en ordre depuis longtemps, se trouvait entre les feuillets d'une grande et vieille bible, couchée sur le premier rayon de la bibliothèque, on convint d'un jour, et, en présence des autorités indispensables, on procéda à la recherche de la pièce si redoutable et si désirée.

Nous étions là une vingtaine, cousins et cousines, nièces et neveux ; l'oncle Duroseau, avec sa femme longue et sèche comme une gaule, et leur fille Gertrude qui tenait de l'une la laideur, de l'autre la bêtise avec une pointe d'avarice ; la famille au

complet du commissaire-priseur Galbadon, un libre penseur qui ne pouvait pas sentir l'abbé Roche, mais qui n'en dînait pas moins souvent au presbytère, dont il trouvait la cave excellente catholique ; d'autres encore, et moi enfin, avec mon père, et ma mère.

J'allais oublier ma jolie cousine Marthe, orpheline, dont l'oncle Duroseau était le tuteur et qui, près de Gertrude, faisait l'effet d'une rose à côté d'un pissenlit.

Le testament ne fut pas long à trouver.

C'était une feuille de papier jaunie par le temps, dont le notaire fit la lecture, et qui distribuait, à parts égales, entre tous les héritiers directs, les 250,000 francs qui représentaient la fortune de tante Justine.

Un seul était oublié dans la nomenclature ; celui-là, c'était moi.

La satisfaction était peinte sur tous les visages, car la part de chacun s'arrondissait d'autant.

Seule, ma jolie cousine Marthe s'approcha de moi et m'embrassa.

— Mon pauvre Jean, me dit-elle, quand je serai maîtresse, nous partagerons.

De son côté, Galbadon, poussant du coude l'oncle Duroseau, lui dit, entre haut et bas :

— J'ai deux fils, dont l'un fait son droit à Paris, l'autre sa médecine ; avec Gertrude et Marthe voilà deux mariages pour l'avenir.

Je n'entendis point la réponse ; mais l'oncle Duroseau, qui ne pouvait point résister au plaisir de dire une méchanceté dans toutes les circonstances, me montra du doigt et dit à Galbadon :

— Il n'a même pas la pendule.

— On peut la lui laisser, répondit ironiquement le commissaire-priseur, si personne n'y met obstacle.

CE FUT UN ÉCLAT DE RIRE PRESQUE GÉNÉRAL.

12

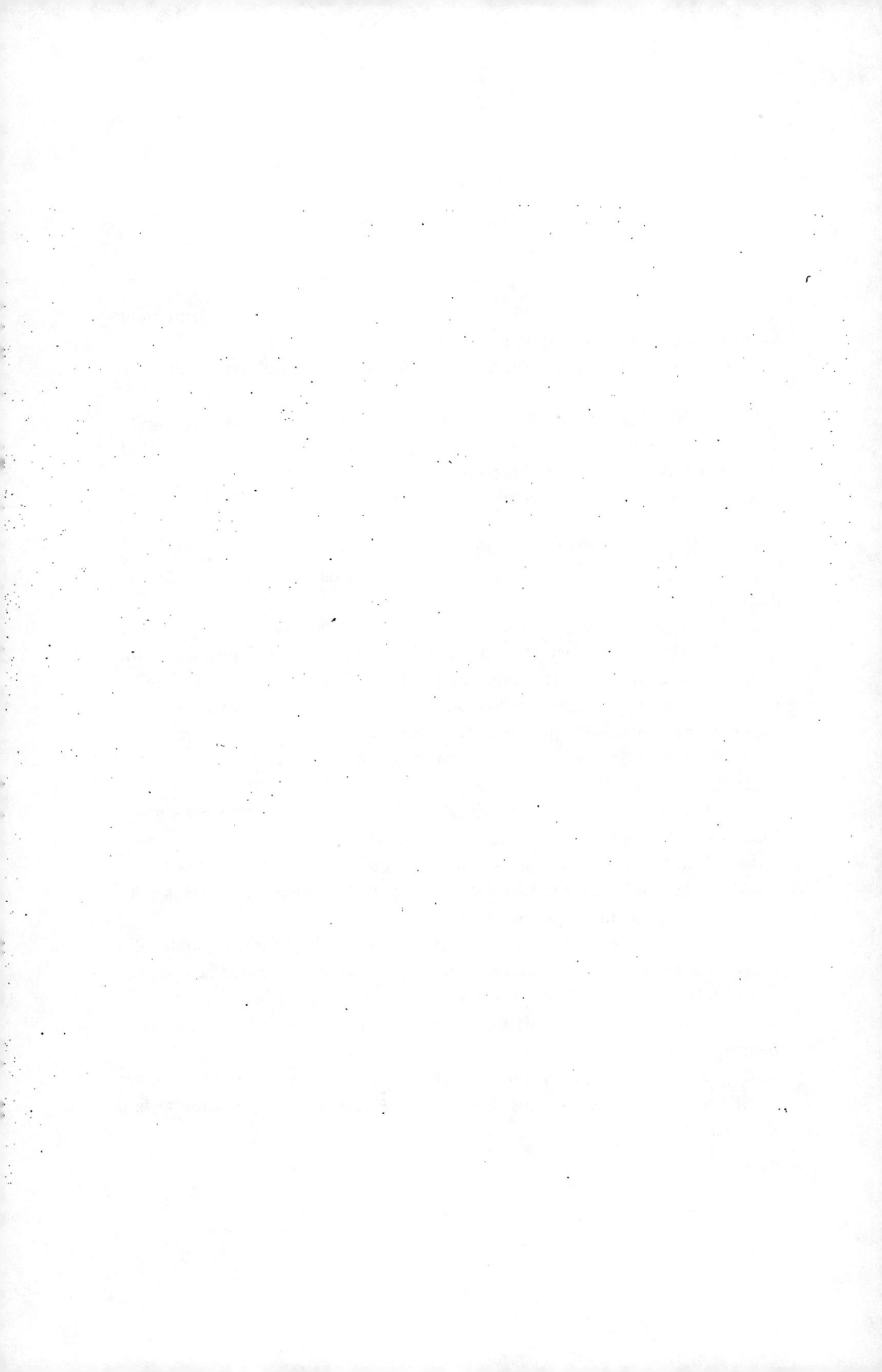

— Personne, personne, bien sûr! répéta-t-on à la ronde. Jean peut prendre la pendule et tout ce qu'il y a dedans.

— C'est précisément la volonté de la morte, dit le notaire d'une voix claire.

Et tout le monde se mit à rire, à l'exception de mes parents, que cette déception paraissait contrarier; à l'exception aussi de Marthe, qui avait une larme au bord de chaque paupière.

Alors le notaire prit la pendule sur la cheminée, la posa sur la table et dit :

— Cette pendule est tout entière à M. Jean Desprez.

— Bien sûr, dit Duroseau, que nous n'avons pas l'intention de lui en disputer les morceaux.

— Monsieur, dis-je à mon tour, je la conserverai comme un précieux souvenir de celle qui n'est plus là; et je l'emporte avec moi tout de suite.

Alors j'essayai de la soulever. Mais elle était si lourde et si haute, que la partie supérieure l'emporta, et qu'elle roula à terre, avec un grand fracas, pendant que le petit ange joufflu, sorti de sa cachette, soufflait de tous ses poumons dans sa trompette de cuivre.

Ce fut un éclat de rire presque général.

— Il faut avouer, Messieurs, dit sévèrement le notaire, que vous manquez un peu de charité à l'égard d'un enfant.

Les rieurs confus se turent, et Marthe, qui m'avait pris le bras et qui regardait la pendule à demi brisée, me répétait à plusieurs reprises :

— Tu n'as vraiment pas de chance.

Ce fut le notaire qui se baissa pour ramasser la pendule; mais elle avait grandement souffert dans sa chute, et, comme il allait la replacer sur la table, le globe doré qui contenait le mouvement lui resta dans la main, et le socle, qui s'était fendu en tombant, laissa voir, à travers la fissure, le bord bleuâtre d'un billet de banque.

Il y eut un cri de surprise unanime, et, tout autour du notaire, les héritiers se serrèrent, avides, empressés, la main tendue comme autant de mendiants.

Duroseau surtout, puis Galbadon, avançaient la tête au-dessus des autres, et le long nez du commissaire-priseur semblait remuer de convoitise, ses deux narines se dilatant et comme flairant la fortune cachée dans la pendule de tante Justine.

— Monsieur Andrieux, dit-il en s'adressant au notaire, il y en a peut-être d'autres.

— Nous allons voir, répondit M. Andrieux.

— Bonne tante Justine, ajouta Galbadon, en faisant semblant d'essuyer une larme, c'est une surprise qu'elle nous a ménagée. Comme elle nous aimait, Duroseau !

— Et comme nous le lui rendions, Galbadon ! poursuivit Duroseau d'une voix que le chagrin semblait paralyser.

— Le bon Dieu n'en fait plus comme cela, dit, dans son coin, une vieille cousine, tout en prenant une prise.

Et pendant que Mme Duroseau, qui pleurait aussi, mais de joie, serrait contre son cœur, bien à l'étroit dans sa maigre poitrine, sa Gertrude, qui se laissait faire, l'oncle de plus en plus empressé avançait la main pour se saisir du socle de la pendule.

Un geste du notaire l'arrêta :

— Personne de vous n'a le droit de toucher à cela, dit Me Andrieux.

— Excepté Jean, dit la petite Marthe, en s'avançant vers le notaire, puisque tante Justine la lui a laissée, avec tout ce qu'il y a dedans.

— Vous avez raison, ma jolie demoiselle, lui dit Me Andrieux, et c'est à M. Jean Desprez de vérifier son héritage.

Assurément, mon père et ma mère devaient être au courant de l'affaire, car ils se regardèrent en souriant, et, me faisant signe du doigt :

— Allons, Jean, allons ! firent-ils ensemble.

Je m'avançai seul, au milieu de tous ces regards haineux qui me dévoraient.

— Pressez là-dessus, me dit Me Andrieux en m'indiquant un bouton de cuivre doré, posé au milieu du socle.

Je pressai. Et voilà que tout à coup, au milieu du silence général, on entendit une musique charmante ; et à mesure que les notes se succédaient, le socle s'ouvrait tout seul, laissant voir, à l'intérieur, des billets de banque et encore des billets de banque.

J'étais abasourdi et charmé tout à la fois, croyant entendre la voix de tante Justine, pendant que le petit ange joufflu, sortant pour la seconde fois, sonnait joyeusement sa fanfare.

Tout à coup, la voix rauque de Galbadon vint troubler le concert :.

— Ah çà, dit-il, Monsieur le notaire, comment partagerons-nous cela ? à parts égales, sans doute, comme la fortune de tante Justine ?

— Il n'y a pas de doute, appuya Duroseau, cela me paraît parfaitement équitable.

Et ils se frottaient les mains d'avance, comme s'ils eussent déjà tenu leur part de l'aubaine inattendue.

Mais le notaire fit un geste pour imposer silence, puis il se mit à compter les billets, humectant de temps en temps son pouce pour les faire plus aisément glisser l'un sur l'autre.

Il en compta ainsi jusqu'à deux cent cinquante, tous de mille francs, quelques-uns ternis par le temps, d'autres, en petit nombre, frais et soyeux, comme s'ils avaient été introduits depuis peu dans leur cachette.

Pendant qu'il les comptait ainsi, tous les regards attentifs suivaient le mouvement de sa main, brillants de convoitise, et donnant à chacune de ces physionomies une expression presque répugnante. On aurait certainement entendu voler, dans l'appartement, l'âme de tante Justine.

Quand il les eut comptés et recomptés avec une certaine malice, il en fit une grosse liasse, et, se dirigeant vers moi, qui me tenais en dehors du groupe, il me mit le paquet dans les mains :

— A vous tout cela, Monsieur Jean, dit-il ; prenez et n'ayez crainte, c'est moins lourd que la pendule.

Et comme les autres se récriaient, en termes assez vifs, Mᵉ Andrieux glissa la main dans le socle aux trois quarts ouvert, et en rapporta un papier roulé qu'il déplia et qu'il se mit à lire, à haute et intelligible voix.

Il n'avait pas prononcé quatre mots, que le nez de Galbadon — c'est dans cet organe peu poétique que résidait toute l'expression de sa physionomie — ce long nez avait complètement changé de nuance, presque de forme, et exprimait tout le désappointement de son propriétaire.

— C'est une indignité, répétait le commissaire-priseur, une véritable indignité, et, si elle était ici présente, je...

— Vous lui feriez la cour, dit en souriant le notaire, en attendant qu'elle meure.

Quant à Duroseau, il était tombé sur une chaise, entre son épouse et la maigre Gertrude, et donnait libre carrière à son ressentiment.

Ma chère cousine Marthe, seule, était radieuse, tellement radieuse, que Mme Duroseau crut devoir mettre un terme à son expansion, en lui faisant remarquer aigrement que sa place n'était point près d'un enfant devenu riche, grâce au caprice d'une vieille folle.

Le mot fut prononcé.

Ma chère tante Justine, bonne et affectueuse jusqu'au bout, n'avait pas voulu mourir sans me laisser aussi riche que tous ses héritiers à la fois, et je vous certifie qu'il était curieux de contempler les visages des collatéraux, quand le notaire prononça cette dernière phrase dictée par la mourante :

« Je ne serais pas morte satisfaite, si je n'avais pu laisser à mon petit Jean les 250,000 francs contenus dans le socle de la pendule ; et c'est de toute justice, car je l'aime autant que tous les autres ensemble. »

Ce fut le coup de grâce.

L'un après l'autre, les héritiers sortirent en maugréant. Ma ruine les avait réjouis ; ma fortune les écrasait.

Galbadon et Duroseau s'en allèrent, tête basse, honteux comme le renard de la fable, et, derrière eux, Mme Duroseau et Gertrude, droites et efflanquées, se redressant en proportion de leur dépit, et se retournant, de temps en temps, pour faire à Marthe, qui les suivait, des yeux terribles, jaunes comme leurs dents.

Voilà comment, grâce à l'affection et à la prévoyance de tante Justine, j'ai pu traiter avec M⁰ Andrieux, et épouser ma jolie cousine Marthe devenue majeure, en dépit des Duroseau qui, revenus, par calcul, de leur colère, voulaient m'embarrasser de leur Gertrude.

C'est l'abbé Roche qui nous a mariés, et je n'en aurais pas voulu d'autre que lui pour bénir notre union, car mon affection d'enfant a fait place à une solide amitié d'homme.

La grande pendule, réparée par un horloger du chef-lieu, reste sur la cheminée de mon cabinet de notaire, comme un souvenir perpétuel de celle à qui je dois toute ma fortune et tout mon bonheur en ce monde.

Le petit ange joufflu, en sortant de sa cachette, pour jouer sa fanfare, fait l'émerveillement de tous mes clients, et il n'en est pas un à qui je n'aie raconté cette véridique histoire.

Je l'écris aujourd'hui, pour qu'il y ait plus de monde encore à la connaître.

LE MOULIN FANTASTIQUE

C'était un vieux, tout vieux moulin qui n'avait plus l'air de grand'chose, et qui, quotidiennement, s'en allait, morceau par morceau. Le vent du large qui tombait en plein dessus, par l'ouvert de la baie de Morsalines, arrachait à son toit, bien malade, des gerbes de chaume; si bien que le vieux moulin avait presque l'air d'une masure à demi couverte d'une toi-

ture échevelée, où s'étalaient, de place en place, les lichens et toutes les moisissures de la mer.

Les roues ne tournaient pas souvent, depuis de longues années, et la misère tombant sur le meunier, comme le vent et l'averse sur le moulin, l'homme et la maison fléchissaient tous deux, sous le choc des bourrasques, qui font plus de besogne encore que les années.

L'intérieur était vide, ou à peu près; les huissiers, à plusieurs reprises, avaient passé par là pour saisir, de sorte que le vieux Blaisot y séjournait

LA BAIE DE MORSALINES.

moins souvent qu'au cabaret, une auberge de Quettehou, à la descente de la route de Valognes, d'où il ne s'éloignait guère, quand il lui restait quelques sous en poche.

Alors il arrivait que, sur le tard, on le rencontrait titubant le long des chemins, chantant, d'une voix quelque peu avinée, de vieux refrains du pays. Cahin-caha, il regagnait le moulin, et s'étendait sur une botte de paille où il cuvait, jusqu'au lendemain, son cidre et son eau-de-vie.

Oui, ce n'était plus qu'à de rares, bien rares échappées que le moulin marchait ; au point que les deux roues, fixées sur leur arbre de couche, tout garni de mousse et de rouille qui se confondaient, avaient bien du mal à tourner et geignaient, comme un vieillard perclus qu'on forcerait à se mettre en route sur des chemins accidentés et raboteux.

Malgré cela, le vieux Blaisot n'était point détesté dans le pays ; bien au contraire. Il perdait à plaisir son moulin, qui marchait si bien jadis, et autour duquel, on s'en souvenait, il avait su réunir quelques bons journaux de terre ; il perdait aussi son âme, à force de boire ; mais il ne refusait jamais un service, et s'il avait vendu son bien, perche par perche, c'était pour noyer ses grands chagrins dans la boisson. On le savait, et on lui pardonnait presque des excès qui d'ailleurs ne faisaient de mal à personne.

Ceux qui le rencontraient, dans ses promenades nocturnes, l'accueillaient par un : Bonsoir, Blaisot ! qui ne restait point sans réponse.

Le vieux meunier interrompait sa chanson pour porter la main à son bonnet de coton rayé dont la houppette lui retombait sur le nez, et poursuivait sa route, en l'allongeant de tous ses zigzags capricieux.

Il y avait du malheur dans l'existence de ce simple. Un jour, sans qu'on ait jamais pu savoir si c'était accident ou mort volontaire, sa femme s'était noyée dans la mer, et son corps avait été roulé jusque sous la tour de la Hougue, de l'autre côté de la baie. Plus tard, ses deux fils, matelots de l'État, étaient morts à la guerre, de sorte que le meunier s'était trouvé tout seul, à un âge où la solitude est mortelle et où les souvenirs poignants font monter des larmes intarissables dans les yeux.

Blaisot, pour s'empêcher de pleurer, s'était mis à boire ; mais, comme on ne boit pas pour rien, les morceaux du moulin s'en allaient dans le comptoir des aubergistes, et le moment n'était pas éloigné où il n'y aurait plus rien à verser dans le verre. Car si l'on faisait encore crédit au vieux Blaisot, c'est qu'on ne le savait pas tout à fait au bout de son rouleau. Ce jour-là venu, bonsoir les voisins ! Plus de chopines de cidre ni de demoiselles d'eau-de-vie ! Tant pis pour les gens ruinés ! Qu'ils aillent se désaltérer à la rivière. Plus de place pour eux à l'auberge quand ils n'ont plus un sou dans le fond de leur gousset ! Blaisot ne pensait même point à cela et buvait son moulin sans se douter qu'il finirait par trouver le fond de la bouteille. Quand il pensait aux absents, il n'y était plus et s'en donnait jusqu'à l'oubli.

Malgré cela, Blaisot ne manquait point un office, entendait la messe tous les dimanches, même les vêpres, et ne se grisait, à la Noël, qu'après la messe de minuit. Le curé, qui était un brave homme, ne lui ménageait point les remontrances et les sermons particuliers.

Parfois même il lui arrivait, étant en chaire, de faire allusion à des débordements coupables, et qui mènent leur homme tout droit en enfer, si la mort le surprend dans l'impénitence finale.

Blaisot saisissait l'allusion, prenait de bonnes résolutions ; mais, les vêpres terminées, au lieu de regagner le moulin, il s'en allait sournoisement à l'auberge, par les petits chemins, commençait par une partie de quilles et finissait par perdre les jambes, ou à peu près. Alors il rentrait au moulin, sans s'en apercevoir, roulant sur la route, comme une barque mal arrimée et ne s'apercevait pas que de jour en jour tout s'en allait à vau-l'eau, et qu'il n'aurait bientôt plus, pour s'abriter, que quatre murailles sans toit.

Ce qui n'empêchait point chacun de l'excuser et de mettre tout cela sur le compte d'une grande peine inoubliée. La femme d'abord, les enfants ensuite, tous ceux qui étaient partis pour ne plus revenir, avaient fait, chacun à son tour, des trous dans cette conscience de besoigneux, et dame! la charge des malheurs est parfois si lourde que les plus solides épaules sont impuissantes à la supporter.

Or, une certaine nuit de Noël, le temps était superbe, froid mais sans vent, et le ciel d'une limpidité si rare et si bien éclairé par la lune, qu'on y voyait presque comme en plein jour. La mer, jusqu'à l'horizon, rutilait, comme une vaste plaque de métal, émaillée d'une infinité de petites rides brillantes, et, de la montée rapide qui conduit à l'église de Quettehou, en se retournant on aurait compté les mâts des navires amarrés dans le port de Saint-Vaast, et les barques chavirées sur le sable sec de la grève de Morsalines.

Dans l'église illuminée, les antiques ogives flambaient; des lueurs apparaissaient aux moindres ouvertures et, dans la vieille tour carrée, massive et trapue, la cloche sonnait à toute volée, pendant que, de tous côtés, par les routes, par les chemins et par les sentiers, arrivaient paysans et matelots, avec leurs femmes et leurs enfants, jusqu'aux plus petits, qui balançaient des lanternes, au bout de branches flexibles de coudrier.

Quelle admirable nuit de Noël! On s'en souvient encore, dans cette contrée où le vent d'hiver ne fait presque jamais trêve, et où le chant des fidèles a pour accompagnement ordinaire le terrible bruit des vagues sur la côte déchirée.

La messe finie, Blaisot s'en alla comme les autres, un peu triste, à la pensée que s'il n'avait soldé certaines créances dans la huitaine, c'en était fait de lui, et que Flambard, l'huissier du bourg, qu'il connaissait trop bien, hélas! opérerait chez lui pour la dernière fois.

N'était-ce pas le moment d'aller noyer cela dans quelques moques de cidre, avec tant d'autres souvenirs amers qui le hantaient et dont il ne se débarrassait avec certitude qu'à l'auberge de Frigout : *Au rendez-vous des vrais amis!*

En descendant la côte, presque aveuglé par le grand éclat de la lune sur

la mer, il lui sembla voir de la lumière derrière les fenêtres du moulin.
Ah, bast! c'était l'oribus qui sans doute finissait de brûler dans la cheminée. Il avait oublié de l'éteindre avant de partir; et il se mit à rire en
pensant qu'il était assez riche pour gaspiller son bien.

N'importe! il poursuivit sa route et s'installa chez Frigout, où déjà
nombre de célibataires festoyaient, dévorant à belles dents les omelettes
au lard, les tranches de jambon frites sur la poêle, avec un bon verre de
cidre, à demi paré, pour les attendrir, et que l'on recouvre ensuite d'une
couche de petites cives hachées pour leur donner du parfum; des bouts
de boudin fabriqués de la veille, et dont la bonne odeur emplissait les
narines; avec cela, des morceaux de pain formidables qui s'englou-
tissaient dans les bouches affamées des robustes convives.

D'aucuns, ceux qui étaient rassasiés, buvaient, en fumant leur pipe
courte de terre, dont le fourneau cerclé de cuivre est muni d'un couvercle, pour que, dans le plein air, le tabac ne soit pas mangé par le vent.

Blaisot s'installa, et quand il sortit, il en avait son compte, ce qui ne
l'empêcha point de prendre, en chantant, la route du moulin.

Tout à coup, au détour du chemin, il jeta un cri. Mais oui, il avait
bien vu tantôt! Le moulin était éclairé, et pour sûr ce n'était pas la
méchante torche de cire jaune qui pouvait fournir une aussi éblouissante lumière.

Il y en avait à toutes les fenêtres, plus vive et plus claire, là où les
vitres n'existaient plus, et c'était presque partout. Et puis, est-ce que
c'était possible? Ses oreilles ne le trompaient-elles point?

Mais non, c'était bien le bruit du moulin qu'il entendait, le grincement
des roues, la chute de l'eau de la rivière sur les palettes, d'où elle
retombait en poussière dans le déversoir; le tic-tac joyeux, le ronfle-
ment continu du blutoir, tous ces accents si variés d'un moulin qui
marche, et qui sont, pour un vrai meunier, la plus douce des musiques.

Qu'est-ce que cela voulait dire? Blaisot, interdit et à demi dégrisé,
n'osait avancer. Les lumières et le bruit le fascinaient.

Mais, il n'y a pas à dire, à de certains moments, on veut voir, et le

diable lui-même ne vous en empêcherait pas. Blaisot, le cœur battant,
fit quelques pas en avant et, ce qui l'étonnait beaucoup, c'était de ne pas
voir une ombre, une seule, passer sur la lumière des fenêtres.

Tout le monde sait que les meuniers n'ont pas pour habitude de rester
les bras croisés, et que pour vider les sacs de blé et balayer l'aire couverte de poussière, il ne faut pas garder les mains dans les poches.

Blaisot était abasourdi. Le moulin marchait : impossible de dire le
contraire ! Mais, il n'y avait donc personne pour diriger tout ce tintamarre ?
Par exemple, voilà qui était fort !

Et cherchant en lui-même la solution
d'un problème qu'il pouvait résoudre en
faisant cent pas, Blaisot se dit qu'on lui
avait fait une farce, et que de mauvais plai-
sants s'étaient imaginé de donner le branle
à la roue et d'allumer ce qu'il restait de
bouts de chandelle au logis.

En dépit de tout, Blaisot n'était point
rassuré, et voyait là-dessous quelque chose
d'étrange. Si c'était le diable qui faisait ce
beau manège, pour le punir de tous ses méfaits ! Ou bien, qui sait ? le moine de Saire
qui, fatigué de n'avoir plus rien à faire du côté de Réville, à cause de ce
beau temps, s'en venait, le long de la grève, jouer de méchants tours au
pauvre monde !

Moine ou diable, ce n'était pas rassurant ; et Blaisot interdit, presque
cloué au sol, cherchait à réunir ses idées encore tout embrouillées, et se
trouvait d'autant plus poltron que les hiboux en chasse s'en donnaient,
par cette nuit claire, sur la lisière prochaine des bois du Rabey.

Enfin il s'avança, les jambes presque solides, cherchant autant que
possible à étouffer le bruit de ses pas sur le sentier sec et pierreux, franchit, avec mille précautions, la barrière, pour ne point l'ouvrir, à cause
du grincement des gonds rouillés, et, les yeux hagards, s'en vint guetter

au coin d'une fenêtre. Alors ce qu'il vit le frappa d'émotion et de stupeur. Non seulement le moulin marchait, mais il marchait pour de bon, c'est-à-dire qu'il faisait de la farine.

Dans un coin, les sacs de blé étaient entassés, encore intacts, et l'ouverture serrée par une corde ; dans un autre, des sacs tout grands ouverts et remplis de superbe farine blanche, si fine qu'elle semblait en bloc ; et enfin plus loin, des sacs de son jetés un peu pêle-mêle, dans un désordre apparent, mais tels qu'il les disposait lui-même, lui Blaisot, dans les jours lointains où le travail ne lui faisait pas peur, et où la joie régnait dans la maison.

Tout à coup sa surprise fut au comble, parce qu'au milieu de toute cette clarté qui remplissait le moulin, il vit qu'il n'y avait aucune lumière, du moins de celles qui servent à l'usage des hommes. C'était plus doux et en même temps plus radieux. Aucun détail ne se perdait, et, dans les angles, les toiles d'araignées n'existaient plus. Blaisot vit cela. On les avait balayées, détruites : mais qui, puisqu'il n'apercevait personne, pas un être vivant ?

Si, il y en avait un, un charmant petit rouge-gorge, alerte et frétillant, les yeux vifs, le jabot rouge comme de la pourpre, et qui, d'un endroit à l'autre, voletait, se perchant ici et là, sur les sacs de blé et de farine, sur le blutoir, mais ne restant jamais en place que quelques secondes, avec des airs affairés, singuliers chez un oiselet de cette taille.

— Allons, se dit Blaisot, un peu rassuré à cette vue, si le rouge-gorge est là, c'est qu'il n'y a ni danger ni sortilège, et je ne vois pas pourquoi un homme serait plus peureux que lui !

Là-dessus, il poussa la porte et entra. D'abord il eut les oreilles assourdies par ce vacarme auquel il n'était plus habitué ; mais, les vieux souvenirs aidant, l'amour du métier revint. Blaisot retroussa les manches de sa veste et voulut se mettre à la besogne.

Mais — n'y a-t-il pas au monde des choses véritablement extraordinaires ? — mais voilà que ce diable de petit rouge-gorge vint se poser devant lui, tout à fait furieux, battant des ailes et poussant des cris répétés :

14

— Ri tui tui, ri ri ti rui tui tui!

Et le pauvre Blaisot, hébété, ahuri, ne faisait point le fendant et répondait piteusement :

— C'est bon, c'est bon, on y va ; et ce n'est point la peine de vous mettre si en colère.

Blaisot avait compris qu'il lui disait de s'en aller coucher, et qu'un moulin qui marche n'est pas fait pour les meuniers ivrognes. Et parmi tous ses étonnements, ce qui lui paraissait le plus étonnant encore, c'était de comprendre, comme du bon patois bas-normand, ce chant de petit oiseau qui n'y allait point par quatre chemins pour lui dire son affaire et régler son compte. Et, tout en se retirant dans un coin, il murmurait :

— Le vieux Blaisot a eu des malheurs, mais nul n'a le droit de dire qu'il est un méchant homme.

— Il ne manquerait plus que cela, répondit l'oiseau ; ivrogne endurci, c'est déjà bien assez, et s'il n'y avait point, quelque part, de bonnes âmes qui s'intéressent à toi, penses-tu qu'on se mettrait en peine de ta situation, et que l'on travaillerait, toute la nuit de Noël, pour empêcher l'huissier Flambard de venir te chasser pour jamais de ton domicile ?

— Çà, dit Blaisot, le fait est que Flambard n'est pas homme à manquer une saisie.

— C'est bon, reprit le rouge-gorge, étends-toi là et dors, si tu tiens à ce que la besogne soit faite à l'heure voulue.

Et Blaisot, obéissant, s'étendit dans un coin du moulin, sur la paille, et, tout en cherchant à s'endormir, entr'ouvrait parfois les paupières, pour voir s'il ne rêvait point, à cause de ce moulin qui marchait aux ordres d'un petit oiseau, et de ce petit oiseau qui parlait comme un homme, ou du moins qui savait se faire comprendre.

Un moment même, chose curieuse, il le vit, mais d'une manière vague, dénouer du bec un des sacs de blé pansus, debout les uns contre les autres, et ceci fait, marcher par petits sauts, suivi par le sac qui, de lui-même, se déversait dans l'orifice, et s'en allait se placer sur d'autres sacs vides.

Blaisot ne vit pas autre chose et s'endormit. En se réveillant, au jour,

un souvenir bien indécis lui restait. Il sentit qu'on avait entassé sur lui
des bottes de paille pour qu'il n'eût pas froid, se frotta les yeux longtemps, et

n'osa même les rouvrir aussitôt, de peur de voir s'évanouir ses illusions.

Enfin, il se risqua. Il n'y avait plus de sacs de blé le long de la muraille ; mais, en revanche, des sacs de son et de farine à n'en plus finir, fermés maintenant, et rangés, par piles, les uns sur les autres.

En voilà un petit meunier qui avait fait de la besogne ! Blaisot se leva et reconnut que toutes choses avaient été mises en ordre ; il sortit, et vit que les roues étaient arrêtées, depuis peu de temps, car, en dépit du froid très vif, l'arbre et les palettes pleuraient encore.

Seulement, tout au haut de la vieille cheminée, couverte de lierre et de lichens moisis, un petit rouge-gorge se mit à chanter et chanta longtemps. Et Blaisot comprit encore que ses ri tui tui mélancoliques voulaient dire :

— Si l'huissier Flambard, de Quettehou, ne vient pas demain, il n'y a point de ta faute ; mais tu peux être sûr qu'il viendra l'année prochaine, car tu ne trouveras plus personne, désormais, pour moudre à ta place ; et c'est tant pis pour les ivrognes s'il leur arrive malheur. Tiens-toi cela pour dit, Blaisot, et mets-toi à la besogne ; et si tu ne veux pas finir comme un malheureux, retiens ce refrain de ma chanson.

— Vous parlez comme un oracle, dit Blaisot à l'oiselet qui, prenant son vol, disparut bientôt dans les profondeurs du ciel, et je vous remercie. Du diable si je retourne au cabaret, quand le bon Dieu a pénétré chez moi, ou du moins quelqu'un des siens.

Depuis ce jour, Blaisot a tenu parole, et nul ne l'a revu chez Frigout ou ailleurs, dans les endroits où les hommes perdent tout courage, s'avilissent et mangent le pain de leurs femmes et de leurs enfants. Il s'est remis au travail rudement, et dans son pauvre vieux moulin, naguère si délaissé, si chétif et si branlant, maintenant remis à neuf et répondant au bruit de la mer dans la baie par son tic-tac sonore, le meunier, presque dégradé jadis, est redevenu un homme et reconnaît, chaque jour, que le labeur actif, bien mieux que l'ivresse, sans les faire oublier, adoucit les plus cruels souvenirs.

LA CRÈCHE DE M. LE CURÉ

La veille de Noël, après sa réfection du matin, le vénérable curé de X...
était fort perplexe. Cela se voyait à son attitude, les mains croisées sur
son estomac un peu rebondi et se frottant les deux pouces, l'un contre
l'autre, comme tous ceux
qui pensent ou qui digèrent.

La digestion ne devait
pourtant pas être difficile.
Pensez, deux œufs frais
parce qu'il y avait des poules
pondeuses dans la cour du
presbytère, un reste de poisson connu, le long des
grèves bas-normandes, sous
le nom de *vieille*, ni délicat
ni appétissant, je vous assure, et un peu de beurre
frais, battu par Charline,
la vieille servante, avec le
lait d'une vache, ni grasse
ni maigre, qui paissait dans le clos, au bout du jardin.

Tel était, à peu près, et invariablement, l'ordinaire de M. le curé
de X..., le village étant pauvre et par conséquent le casuel presque nul.

Seulement le curé, par une douce habitude, sirotait sa demi-tasse dans
laquelle il avait déjà versé son deuxième petit verre. Le cognac, cela

soutient quand il fait froid; et le brave curé était bas-normand, d'un
pays tantôt venteux, toujours humide, où personne ne répudie le
gloria. Et puis, il n'y a jamais eu de mal à user des bonnes choses; le
tort consiste à en abuser.

C'était une toute modeste cure que celle de X... et si le pasteur était
simple, les ouailles n'étaient pas riches, tous marins de père en fils,
chavirés par la mer depuis des générations, coulés ici ou là dans une
bourrasque, le long de ces côtes de la Hague où le flot n'est jamais
tranquille et qui, dans les coups d'équinoxe, se couvrent d'épaves et de
débris, sans compter ce qui reste au fond.

Malgré la pauvreté générale, chacun faisait de son mieux et portait au
presbytère quelque chose de sa pêche, dans les bons jours, des crabes
que Charline faisait cuire, ou des plies, ou bien, quand la mer s'en allait
assez loin, de ces belles coquilles à fond de nacre, que l'on nomme des
coquilles Saint-Jacques, sans doute parce que le saint s'en fit un ornement lors de son voyage à Compostelle, enfin toute la vermine de la mer
que personne ne dédaigne, quand elle est fraîche et toute parfumée.

Donc le curé de X... méditait, non parce qu'il avait devant les yeux le
plus vaste des horizons maritimes, avec les îles anglaises au fond, nageant dans l'azur pâle d'une belle journée d'hiver; ce spectacle ne lui
manquait pas souvent; il était blasé là-dessus et n'y pensait même plus,
quand la mer furieuse et poussée par le vent du large crachait toutes ses
écumes jusque sur les fenêtres du presbytère.

Chaque année, depuis tantôt cinq ou six ans, et précisément ce jour-là
même de la veille de Noël, M. le curé était tout morose. Il pensait qu'il
fallait sortir de la sacristie la crèche de l'enfant Jésus, et que la crèche
et l'enfant s'en allaient en morceaux.

Le vitrage, raccommodé en dix endroits, avec des bouts de papier collés,
exigeait des précautions infinies, quand on opérait le transport de la
sacristie à l'église, et le pauvre petit bonhomme de cire couché sur de
la paille soigneusement renouvelée n'avait plus qu'un bras et qu'une
jambe. En y regardant de bien près, on voyait aussi que l'œil gauche était

absent, et qu'une bonne partie de la belle chevelure bouclée se mangeait aux vers et diminuait tous les ans.

Charline, pour réparer tous ces désastres, faisait des prodiges, tournait l'enfant sur le côté gauche, pour qu'on ne vît point le trou de l'œil perdu et arrangeait la paille de façon à ce que l'on pût croire que les deux membres manquants étaient cachés dessous.

Mais ce qui l'ennuyait, pendant son travail soigneusement renouvelé chaque année, la bonne Charline, c'est que M. le curé passait son temps à lui raconter les merveilles des églises de Cherbourg : le nouveau-né vêtu de beaux vêtements blancs, moirés, brodés d'or, couché dans les fleurs, et si frais qu'on l'eût dit vivant et tout prêt à prendre la parole pour remercier les visiteurs.

Charline le priait parfois, et assez vivement, de se taire. Alors M. le curé soupirait, se plaignait de la dureté des temps et de la dureté des hommes, et Charline poursuivait sa besogne, redressant ici un pli qui faisait mal, à son idée, mais avec des précautions infinies, parce que le reste de la robe aurait bien pu s'en aller en poussière, posant là des bouchons de paille ou de verdure persistante, pour cacher, autant que possible, toute cette misère.

Il arriva même un jour qu'une petite souris, entrée on ne sait comme, dans la crèche, sortit de dessous le paillot et s'échappa quand celle-ci fut ouverte. On la vit trottiner dans la salle, passer sous le fauteuil de M. le curé et finalement s'engouffrer dans un trou du parquet, où les trous ne manquaient pas, la commune n'étant point large sous le rapport des réparations.

Souvent, un peu poussé par Charline, M. le curé avait eu la tentation de s'adresser au maire; mais M. le maire était un athée, les adjoints aussi, et la démarche eût été sans doute bien inutile.

Le curé, qui était tolérant, pensait qu'un athée pouvait bien, sans déroger, faire une largesse à l'église. Pour lui, quand il faisait l'aumône, ce qui lui arrivait trop rarement, à son gré, il ne se souvenait point d'avoir jamais eu de ces distinctions, et sa piécette tombait dans la main de tous ceux qui marchaient pieds nus et n'avaient presque rien à se mettre sur le corps.

Mais les hommes sont les hommes; rien ne les change, et le bon Dieu lui-même ne se donne pas souvent la peine de prendre garde à leurs caprices, à leur orgueil et à leurs prétentions. C'est un compte à régler plus tard.

Quoi qu'il en soit, c'était bien ennuyeux de se dire que, dans cette église à demi délabrée de X..., perchée sur le haut de la falaise, pleine du croassement des corneilles qui nichaient dans ses crevasses, et dont les murailles étaient presque aussi moisies au dedans qu'au dehors, il n'y avait pas moyen de recueillir assez de gros sous pour acheter une belle crèche toute neuve, comme on en voyait tant dans les grands bazars de Cherbourg, à ce moment de l'année.

LA POINTE DE CARTERET.

Et voilà à quoi le bon curé de X... songeait, un peu humilié d'être si pauvre, auprès de tant de ses confrères, qui pourtant n'étaient pas riches, mais auxquels on ne refusait point les plus légitimes et indispensables frais d'entretien de leur église.

Enfin, il fallait bien se résigner, mais c'était dur ; si dur que le curé n'avait pas toute la gratitude désirable à l'égard de Charline qui, à force de soins et d'habileté, avait fini par rendre à moitié présentable ce petit enfant tout disloqué, dans sa maison de verre raccommodée.

Le soir se faisant, et comme il revenait de la confession, tout triste encore et tout songeur, le curé vit, aux derniers feux du jour, que toutes les barques de X... étaient au port. Il était sûr d'une nombreuse assistance pour la messe de minuit, et c'était toujours cela ; lès pêcheurs normands ne sortent point la nuit de Noël.

Le vent, quoique assez froid, n'était pas fort, ce qui n'empêchait point la mer de faire sa musique ordinaire au pied des rochers, et les embruns d'atteindre parfois le bord de la falaise.

Sur la côte, les phares s'allumaient successivement, et le curé vit que, dans les îles anglaises, principalement dans Aurigny, qui était plus voisine, et dans Jersey, qui était plus grande, il y avait beaucoup plus de lumières que d'habitude.

On fêtait aussi la Noël, *Christmas*, dans ces nids de l'Océan arrachés à la côte normande par une convulsion marine, il y a des siècles ; et bien sûr que là, les autorités ne marchandaient point leur concours aux paroisses.

Et il lui semblait, au digne homme, que le vent lui apportait, du large, des accents d'allégresse, et que tous ces feux, disséminés dans les îles, étaient autant de feux de joie.

Et sa mélancolie du matin le reprit, lorsque, rentré au presbytère, il vit la bonne Charline qui brûlait, dans la cheminée de sa cuisine, le reste des branches de tamaris qu'elle avait coupées la veille, pour faire la toilette annuelle de la crèche fêlée, et pour dissimuler de son mieux ce qui manquait à l'enfant.

Hélas ! oui, il faut se résigner à tout, en ce bas monde, même à l'évanouissement des désirs les plus amoureusement caressés et des plus chères ambitions. Et qui s'y résignerait donc, si ce n'est un digne prêtre comme le curé de X..., qui, dans ses vœux les plus désordonnés, ne pensait cependant qu'au bon Dieu et à l'ornement de sa demeure?

Malgré cela, il se lamentait toujours, parce que, chaque année, il pensait pouvoir réaliser la petite somme nécessaire pour acheter une crèche nouvelle et que, chaque année, le moment venu, le fond de sa bourse était aussi à sec que la grève à marée basse. Ce qui ne l'empêchait point de répéter :

— Nous économiserons, Charline, nous économiserons.

Charline ne demandait pas mieux, car, à la longue, cela la chagrinait de voir M. le curé aussi morose; mais économiser sur quoi? Au presbytère, il n'y avait pas même à tondre sur un œuf. Alors Charline regardait son maître d'un air pitoyable, et finissait par dire :

— Parbleu, avec des économies, Monsieur le curé, nous nous en tirerions, mais c'est plus facile d'en parler que d'en faire. Remettons cela à l'année prochaine, allez; pour sûr, le bon Dieu ne nous en voudra pas.

A ces paroles, ce soir-là, comme les autres années, M. le curé se contenta de pousser un gros soupir qui voulait dire :

— Est-elle philosophe, cette Charline! Il y a vraiment sur terre des femmes plus fortes que bien des hommes!

Puis il s'assoupit dans son fauteuil.

A ce moment, un brusque coup de sonnette retentit à la porte du presbytère, et si violemment que M. le curé et la vieille servante en tressaillirent.

Et comme celui-ci avait encore, sur la tête, son vieux chapeau de feutre râpé qui, comme la crèche, réclamait impérieusement un remplaçant, il dit à Charline :

— Ne te dérange pas, ma fille, j'irai moi-même.

Et il se dirigea vers la porte, qu'il ouvrit, et qui donna passage à un jeune homme de bonne mine, vêtu comme les mariniers italiens, mais avec des étoffes si belles et si brillantes qu'elles semblaient éclairer le long couloir. Sa physionomie était charmante, pleine à la fois de douceur et d'énergie, et ses cheveux, longs et bouclés, de couleur un peu fauve, retombaient, non sans grâce, sur de robustes et élégantes épaules.

— C'est à Monsieur le curé de X... que j'ai l'honneur de parler? dit-il.

— A lui-même, Monsieur, répondit le vieux prêtre confus; mais qui me vaut l'honneur de votre visite, et qui êtes-vous?

— Qui je suis? reprit le nouvel arrivant, cela n'importe guère, mais je viens de la part de quelqu'un qui vous tient en haute estime, Monsieur le curé, et qui m'a chargé pour vous d'une commission précieuse.

Tout à coup la voix de Charline retentit, au fond du corridor, rappelant à l'ordre son maître.

— Mais vous n'y pensez donc pas, criait-elle, et vous tenez sans doute à vous enrhumer! La salle est finie, Monsieur le curé, et de façon à ne faire honte à personne.

M. le curé comprit son impolitesse et fit signe à l'étranger de le suivre. Mais celui-ci s'excusa tout d'abord :

— C'est que, dit-il, j'ai là quelque chose, et il montrait du doigt le dehors...

— Quelque chose? Quoi donc? fit M. le curé.

— Précisément ce que l'on m'a chargé de vous remettre.

Alors il sortit et rentra presque aussitôt, portant sur l'épaule une grande caisse carrée qui paraissait lourde, mais ne le faisait pourtant pas fléchir d'une ligne.

Une fois dans la salle, il la déposa sur la table; Charline, la curiosité très éveillée, les avait suivis et se tenait en admiration devant cette belle caisse en acajou, hermétiquement fermée et dont les clous, arrondis et polis, brillaient comme des pois d'or.

M. le curé n'en croyait pas ses yeux et passait de temps en temps les mains sur le couvercle luisant et uni comme une glace, très intrigué et se demandant ce qu'il pouvait bien y avoir de caché là-dessous. La voix de l'inconnu le fit sortir de sa rêverie.

— Mon maître, dit-il, qui vous connaît et vous apprécie, a fait mettre là-dedans ce que vous désirez depuis si longtemps, une crèche pour votre église.

Et il ajouta, avec un sourire :

— Et mon maître pense que vous serez satisfait.

Alors, avec la pointe d'un stylet dont la lame triangulaire brillait comme du verre, sous les feux gras de la chandelle de Charline, il fit sauter une à une toutes les planches. D'abord apparurent des fleurs de toutes sortes et de toutes couleurs, qui remplirent de suaves et doux parfums la vieille salle du presbytère. L'inconnu les saisit à poignées, les jeta sur l'aire, et ce fut un double cri d'admiration du curé et de Charline, quand ils virent sortir de toute cette jonchée une crèche magnifique en cristal le plus pur, dont les angles étaient réunis et fixés par des filets d'or. A l'intérieur, c'était l'étable de Bethléem, la Vierge assise et tenant l'enfant sur ses genoux, un beau bébé tout rose avec une toute petite chemise de moire pour tout vêtement, qui laissait voir ses bras et ses jambes potelés et d'où sortait sa charmante tête frisée, avec des yeux qui remuaient, ma foi! comme des yeux vivants, et le bout de son petit nez un peu rose, sans doute à cause du froid des nuits de décembre qui ne sont pas clémentes, même en Judée; saint Joseph, debout, contemplait la mère et l'enfant, avec un bon sourire qui s'en allait, à droite et à gauche, dans les longues mèches de sa barbe d'apôtre ; et, dans le fond, un petit âne au poil luisant et un gros bœuf du Cotentin se tenaient, l'un près de l'autre, à portée d'un beau râtelier d'or, tout chargé de provende.

Le long d'une des parois, il y avait quelque chose qui ressemblait à des coulisses de théâtre; mais, ni M. le curé ni Charline n'en devinaient l'usage. Tous deux ils étaient en extase, les mains jointes, et si interloqués que la parole leur manquait. Était-ce Dieu possible? Une crèche pareille pour l'église, lorsque, quelques minutes encore auparavant, on

eût été si heureux rien que d'un enfant en plâtre, couché sur le dos, dans
sa crèche de verre intacte ! C'était à n'y pas croire !

Et déjà le brave curé, bâtissant, pour l'avenir, voyait les fidèles affluer,
appelés par cette mirifique crèche, dont la réputation ne tarderait pas à
se répandre dans la contrée, depuis Auderville jusqu'à Portbail, et il
songeait à l'établissement d'un tronc dans la chapelle, pensant qu'on ne
saurait avoir le courage de refuser une petite aumône après avoir vu
d'aussi belles choses. Et alors, de fil en aiguille, avec l'argent du tronc,
il réparait sa pauvre église décrépite, faisant eau de tous côtés, comme
un navire hors d'usage, et songeait même à un chemin de la croix, sculpté
en bas-relief, qu'il avait admiré lors de son dernier voyage à Coutances,
où il s'était rendu pour la retraite générale.

Mais ce n'était pourtant pas tout, et voilà qu'au moment même où le
curé songeait aux futurs embellissements de son église, l'inconnu toucha
du doigt un petit ressort caché dans la boiserie qui supportait la crèche,
et alors, de la coulisse, sortirent d'abord les bergers portant un agneau
nouveau-né et qui bêlait de toutes ses forces ; puis les rois Mages, avec
l'étoile au-dessus de leur tête, drapés dans leurs beaux habits sous
lesquels ils cachaient leurs riches présents, l'encens, la myrrhe, l'or, les
pierres précieuses, et ces belles étoffes de Nubie dont les plis traînaient
jusqu'à terre. Le cortège marchait au son d'une musique charmante qui
venait aussi de la coulisse sans doute, car on ne voyait pas les musiciens,
et, dans le fond, le bourriquet allongeait son mufle et tirait la langue,
aussi longue qu'il pouvait, comme pour la passer sur les mains tendues
de l'enfant, tandis que le grand bœuf cotentinais beuglait à se décrocher
la mâchoire et se donnait, sur les flancs, alternativement, de grands coups
de queue.

C'était féerique, et M. le curé n'en revenait pas. Il regardait Charline,
trop émue pour regarder autre chose que la crèche, puis l'inconnu qui
souriait, et dont la physionomie parlante semblait dire :

— Vous ne savez pas combien je suis heureux de vous voir si
contents !

Alors, comme s'il se doutait de quelque chose, le vieux prêtre tomba à genoux faisant signe à Charline d'agir de même. Est-ce que de si belles choses pouvaient être naturelles ?

Mais l'inconnu les releva, leur disant que le devoir le rappelait, et que, sa commission faite, il n'avait plus qu'à reprendre la mer. La tartane qui l'avait amené d'Italie jusque dans ces parages était là dans le port, les voiles déployées, comme on pouvait s'en assurer de la fenêtre.

Et en effet, malgré la nuit épaisse, les larges voiles d'une tartane se voyaient dans le port, agitées par la brise nocturne, comme de grandes ailes blanches d'oiseau de mer.

Quand M. le curé et Charline se retournèrent, l'inconnu n'était plus là. Tous deux ils coururent à la porte restée ouverte, mais ils n'entendirent aucun bruit de pas sur les cailloux du chemin, et ne virent rien, sinon là bas, sur la pleine mer, les voiles de la tartane qui s'éloignaient en diminuant et en répandant autour d'elles des gerbes de lumière.

Lorsque M. le curé se réveilla, la crèche, tant bien que mal réparée par Charline, fut le premier objet qui frappa ses regards, et il ne put dissimuler un mouvement de dépit bientôt réprimé par l'aspect de la vieille servante qui, les deux poings sur les hanches, fière de son ouvrage

et du talent qu'elle avait déployé pour dissimuler tant de dégâts, s'épanouissait en un large sourire, et disait :

— Eh bien, Monsieur le curé, en voilà encore pour une année. Dame ! quand on n'est pas riche, on fait ce qu'on peut ! Mais, pour la Noël prochaine, nous économiserons.

— C'est cela, Charline, dit le brave homme qui ne put s'empêcher de sourire, nous économiserons. Mais ce n'est pas tout à fait cela que j'avais rêvé.

Et la vieille Charline, un peu dépitée de se voir aussi froidement accueillie, après tant de peines, regagnait sa cuisine, en répétant :

— C'est drôle tout de même de voir comme M. le curé devient difficile !

LA NOEL DE CLAIRETTE

Il ne fait pas chaud dehors, et cependant la foule se presse dans les rues, ou plutôt dans l'unique rue de la petite ville, la rue des magasins.

Ceux-ci sont éclairés aussi bien que possible, quand on n'a pas le gaz à sa disposition.

Il y a partout de belles lampes, dont le verre est entouré d'un vaste globe dépoli qui jette tout à l'entour une lumière douce et uniforme.

C'est surtout la façade des boutiques de jouets qui est envahie. La Noël est la fête des enfants, et c'est pour les enfants que les marchands travaillent, rangent leurs nouveautés, depuis les plus simples jusqu'aux plus compliquées.

Les soldats de bois, avec leurs pantalons rouges et leurs tuniques bleues, leurs bonnes figures toutes rondes, les traits, les moustaches et les sourcils dessinés à l'encre noire, sont étendus tout de leur long, l'arme au bras, sabre au côté, dans des boîtes oblongues qui sentent bon la peinture fraîche, une odeur qu'on n'oublie plus et qui rappelle mieux que quoi que ce soit les jeunes années disparues, quand le vent vous en apporte une bonne bouffée, sur les trottoirs de Paris, arrachée à toutes ces petites boutiques qui s'alignent de la Madeleine à la Bastille, et où l'on vend, quand on peut, pour pas cher, les jouets les plus nouveaux.

Dans la petite ville de X..., c'était plus primitif et plus simple; mais, comme la belle lumière des lampes faisait valoir tout cela! les boîtes à soldats, les ménages, les poupées aux belles joues roses, les fusils aux canons bronzés, et les sabres de fer-blanc, sans compter les belles toupies en buis, luisantes comme de vieil ivoire, les cordes à sauter, avec leurs poignées rouges, les cerceaux, les raquettes avec leurs volants à plumes bariolées, les tambours en bois jaune enluminé de belles fleurs écarlates, les polichinelles mi-partie rouges et bleus, avec leur double bosse et leur chapeau garni de grelots qui sonnent quand on tire sur la ficelle soigneusement cachée entre les deux jambes désarticulées, et qui met tout en branle, bosses, bras et jambes, avec des gestes impossibles et fous, au-dessus desquels, sous le grand chapeau, demeure immobile, et comme hiératique, la figure rosée, si singulière dans l'encadrement de sa tignasse de filasse blanche !

La petite Clairette regardait tout cela, surtout les belles poupées si bien vêtues dans des robes pour la plupart roses, bordées d'un filigrane d'or, et qui debout derrière le vitrage, les bras tombant le long du corps, semblaient regarder aussi les curieux.

Il y en avait une principalement, la première, qui semblait bien avoir sept à huit ans, très rose et très potelée, avec des cheveux frisés, sortant en boucles nombreuses d'un petit chapeau garni de plumes et de fleurs, et dont la robe de moire bleue scintillait, à la lueur des lampes, d'une façon merveilleuse.

De temps en temps le marchand, pour faire valoir les richesses de sa boutique, la prenait et se mettait à lui adresser la parole. Et sans doute la poupée comprenait ce qu'il lui disait, car elle faisait des manières, roulait des yeux malins et répondait, sans aucun doute ; la petite Clairette voyait ses lèvres s'entr'ouvrir.

Quel bonheur d'avoir une poupée comme cela, de l'emmener avec soi à travers champs, le long de la grève et de lui montrer, là-bas, au fin fond de l'horizon, les bateaux de pêche à bord desquels on trime dur, d'un bout de l'année à l'autre, et qui dansent sur les vagues bleues, agiles et légers comme des oiseaux. Précisément en ce moment même, un petit vent tout sec disait, dans son langage sifflant, qu'il ne faisait pas chaud au large, et que le grand-père, à bord de sa barque non pontée, devait attendre avec impatience l'heure de la marée pour rentrer au port et prendre un air de feu devant l'âtre, après s'être débarrassé de son poisson.

Il n'était pas riche, le grand-père, et ce n'est pas lui qui pourrait jamais donner à Clairette une de ces belles poupées joufflues qui devaient coûter des mille et des cents, à en juger par leurs belles robes, leurs beaux chapeaux et les souliers de satin blanc à boucles d'argent, même d'or, qui, sur le cou-de-pied, reluisaient.

Perdue dans la foule des curieux, le petit doigt entre ses dents, la petite Clairette rêvait.

Elle avait des idées maternelles, se voyait en possession d'une aussi belle personne, l'habillait, la déshabillait, se promettant même de la mettre au pain sec si elle était méchante, comme s'il y avait bien autre chose que du pain sec dans le logis du vieil aïeul.

Mais le rêve a des ailes, et les plus déshérités en profitent pour s'envoler dans l'idéal. Là, devant le bel étalage du marchand, la petite Clairette se trouvait très heureuse.

Et elle y resta la dernière, sans souci du froid piquant, réchauffée par la vue de toutes ces belles choses, et elle s'aperçut seulement que le vent du Nord cinglait un peu, lorsque le marchand éteignit la plupart des lampes et se mit à fermer boutique.

Alors elle regagna la maison du vieux, là-bas, tout au bout du chemin qui longe la mer, au-dessus de laquelle brillait une belle moitié de lune.

On y voyait presque comme en plein jour, tant le ciel était pur et clair, et c'était plaisir de marcher le long du bord, où de petites lames se brisaient, allongeant à n'en plus finir leur guirlande d'écume blanche.

Dans les clochers voisins, on sonnait déjà pour la messe de minuit, et les cloches, dans l'air sonore, semblaient engager un dialogue joyeux.

La petite Clairette ne prêtait pas grande attention à tout cela. L'étalage du marchand de jouets lui trottait par la cervelle; elle n'avait qu'à fermer les yeux, et elle le revoyait tout entier, avec sa longue rangée de

LA PETITE FILLE VOIT VENIR LA POUPÉE SUR LES VAGUES.

poupées de toutes les tailles qui lui tendaient les bras et semblaient dire :
« Emmène-nous donc, Clairette, nous nous ennuyons ici, et nous serions
mieux avec toi ! »

Elle s'y laissait prendre et murmurait : « Je ne dis pas non, et moi
aussi je ne demanderais pas mieux que de vous avoir toutes, mais ce
vilain marchand ne vous laissera jamais partir sans argent, et Clairette
n'en a jamais eu assez pour acheter des poupées aussi belles que
vous. »

Mais l'illusion ne s'en va pas aussi vite qu'on le croit, et l'enfant
s'arrêtait attentive, pour écouter les sons harmonieux des cloches ; et,
dans le nombre, elle s'imaginait qu'il y en avait une, à la voix plus
claire, plus argentine, qui lui parlait et lui disait : « Ne te désole pas,
Clairette, c'est aujourd'hui la Noël ; il y a de la joie pour tout le monde,
et surtout pour les petites filles sages. Tu auras ta poupée, Clairette, tu
auras ta poupée. »

C'est ainsi que les cloches parlaient jadis, en Angleterre, au pauvre
Dick Wittington et lui prophétisaient, pendant qu'il errait sur les
chemins, par la nuit sombre et froide, qu'il serait trois fois maire de
Londres.

Mais la petite Clairette ne connaissait ni Londres ni Dick Wittington.
Elle pensait seulement que, dès l'aurore de la prochaine journée, bien
des petits yeux seraient ouverts tout grands pour voir ce que le vieux
pèlerin à barbe blanche aurait déposé, à leur intention, sur le bord de
l'âtre.

Fallait-il qu'il en dévalisât des boutiques pour donner ainsi quelque
chose à tant de monde ! Il est vrai qu'il en oubliait beaucoup, même
parmi les plus sages, elle notamment, qui ne manquait jamais l'école.

Franchement, il y a des choses qui ne sont pas justes, et, à son avis,
le vieux à barbe blanche n'aurait fait que son devoir en lui mettant,
tout près des cendres, ce qu'il fallait d'argent pour acheter une poupée
chez ce marchand qui en avait des douzaines, sans compter le reste, les
soldats, les pantins et jusqu'à cette belle dame qui, derrière un verre

comme on en met sur les cadres, jouait de la guitare, roulant des yeux et remuant les doigts avec une suprême élégance.

Sur la mer presque unie, les bateaux pêcheurs se rapprochaient du port, et le feu rouge du bout de la jetée s'en allait en s'amincissant dans l'eau, jusqu'à l'horizon.

On rentrait, pour la messe de minuit, avec la marée qui montait et dont les vagues s'en venaient mourir jusqu'aux pieds de Clairette.

Elles dansaient, se suivaient, se brisaient presque en mesure, roulaient sur les galets du bord, s'en retournaient pour revenir, gagnant du terrain petit à petit, et mettant tout le long du rivage une belle frange argentée qui semblait la bordure de cette immense robe bleu pâle que les étoiles piquaient, par ci, par là, de petits rayons d'or, une robe si belle que Clairette n'en avait pas vu de pareille à l'étalage du marchand.

Alors, pendant que les cloches sonnaient toujours à toute volée, et que les bateaux faisaient de la route vers le port, Clairette se perdait dans la contemplation de cette robe superbe, et elle en habillait une poupée imaginaire, si grande et si belle qu'elle éblouissait, et que sa tête montait vers le ciel jusqu'aux étoiles, qui finissaient par se poser sur son front, comme un large diadème de pierres précieuses.

Et, tout en rêvant à d'aussi belles choses, la petite Clairette soufflait dans ses doigts, très fort, à cause de la lune qui, en montant, jetait autour d'elle, dans l'espace, autant de froid qu'elle pouvait en répandre, quand tout à coup elle s'entendit appeler par son nom. C'était la cloche, à la voix argentine, qui lui disait :

— Regarde donc là-bas, petite Clairette, pas bien loin, dans les vagues, il y a quelque chose pour toi, quelque chose de très joli, comme tu n'en as pas vu bien sûr dans la grande rue, derrière le vitrage des magasins.

Elle y jeta les yeux, et, au milieu des petites lames écumantes, elle aperçut quelque chose comme un mince bateau, sans mâts et sans voiles, grand comme la moitié d'un berceau de nouveau-né, et dans le fond duquel semblait dormir une mignonne créature dont elle apercevait les

traits souriants, quand une vague un peu plus forte soulevait le berceau
d'osier et montrait debout, presque de toute sa hauteur, la princesse qui
ne se réveillait pas.

Elle était vêtue d'une robe bleue, comme celle de la grande poupée de
tout à l'heure, avec des étoiles d'or superbes sur la jupe, et ce qu'il y
avait de plus curieux, c'est que les petites lames argentées de temps en
temps pénétraient dans le berceau et mettaient, au bas de la belle robe,
une superbe frange floconneuse qui ne s'en allait plus.

Malgré le froid, la petite Clairette mit les pieds dans l'eau, se pencha,
et prit la belle poupée, la serrant dans ses bras, pour la réchauffer, et
regagnant, par le plus court, la dune où demeurait le grand-père, rêvant
à un bon feu de tamaris qui les réchaufferait toutes les deux, elle et la
princesse qui lui était venue par la mer, cette mer terrible qui tue les
hommes, mais qui fournit cependant le pain du logis.

Et pendant qu'elle cheminait, joyeuse et transie, les cloches de toutes
les églises environnantes continuaient de faire tapage, et, dans le nombre,
elle en reconnaissait une, toujours la même, qui lui disait : « Rentre, ma
petite Clairette, et poursuis ton rêve, là-bas, sur ta couche un peu dure.
Il y a, dans l'avenir, du bonheur pour tout le monde, pour ceux-là
surtout qui ne sont ni envieux ni méchants, qui poursuivent leur route
difficile sans une mauvaise pensée, et pour lesquels le bonhomme Noël
garde toujours quelque chose dans les larges plis de son manteau. »

LES PETITS SABOTS

Le soir de Noël, nous étions serrés autour de la vieille Marthe que nous aimions parce que, de temps en temps, elle nous contait des histoires. Il ventait dur, au large, et le fracas de la mer arrivait jusqu'à nous en grondements continus. Mauvais temps pour les pêcheurs ! Mais il est rare qu'on sorte, la nuit de Noël. La plupart des bateaux restent ancrés dans le havre, et les plus vieux marsouins ne manquent pas de pousser jusqu'à l'église, quand les cloches, à toute volée, annoncent l'heure de la messe de minuit. Ce soir-là, parmi les grondements du vent, le son des cloches s'en allait parfois, comme si quelqu'un l'emportait, on ne savait où, et parfois aussi, le vent le ramenait avec une telle force, qu'on eût dit le battant à deux doigts des fenêtres.

La vieille Marthe, qui prenait plaisir à nous taquiner, tournait son rouet, sans mot dire, de la main droite, tandis que le pouce et l'index de la gauche, prenant la filasse à même la quenouille chargée, allaient de haut en bas, presque en mesure, et s'éloignaient seulement lorsque, de temps en temps, la fileuse les humectait d'un peu d'eau fraîche, dans le godet de fer-blanc suspendu au portant du rouet.

Comme j'étais le plus âgé de la bande, ce fut moi qui pris la parole :

— Allons, tante Marthe, lui dis-je, vite une histoire ! Tu nous l'as promise, si nous étions sages, et ce serait mal de nous tromper.

Nous l'appelions tante Marthe, par habitude, car elle ne tenait à nous par aucun lien de famille ; mais nous avions tous, du premier jusqu'au dernier, garçons et filles, passé sur ses genoux quand nous étions tout petits. C'est pour cela qu'elle était des nôtres et qu'elle avait charge de nous surveiller, dans les grandes occasions, quand on nous laissait seuls au logis.

— Allons, tante Marthe, reprîmes-nous en chœur, vite une histoire du bonhomme Noël, car tu dois l'avoir vu bien des fois,

— Pour sûr, dit-elle, et je voudrais bien ne pas m'en vanter. Mais, j'ai vu mieux, et si vous voulez me promettre de ne pas m'interrompre...

Voilà une promesse qui n'était ni difficile à faire ni difficile à tenir. Quand tante Marthe parlait, nous ouvrions les oreilles, sans desserrer les lèvres. Elle parlait si bien, et disait de si belles choses !

— Commence, tante, nous y sommes.

Et nous rapprochâmes nos chaises, à une demi-douzaine que nous étions, enserrant tante Marthe dans un demi-cercle. Pour elle, après avoir mis son rouet dans un coin, elle ôta ses lunettes qu'elle glissa dans leur étui, aspira une toute petite prise, se moucha et nous fit signe qu'elle allait commencer.

Une triple salve d'applaudissements accueillit ce muet exorde, et la joie ainsi manifestée, nous nous arrangeâmes tous de façon à ne pas perdre un mot, la tête en l'air, les yeux dans les yeux de tante Marthe et maudissant, au fond du cœur, ce diable de vent qui soufflait en foudre et s'engouffrait dans la rue, en grondant comme un tonnerre.

— Attention !

— Ce n'est pas une histoire d'aujourd'hui, dit la tante Marthe, car j'avais dix ans, et j'en compte soixante et quinze, à l'heure qu'il est. C'était aussi une nuit de Noël, semblable à celle-ci et pire encore. Depuis, je n'ai jamais revu la pareille. Figurez-vous le vent déchirant la mer qu'on entendait sans la voir, même du bord, un fracas comme il n'en doit pas exister même en enfer, et au milieu duquel gémissaient comme des milliers de sanglots. Les anciens d'alors disaient que c'étaient toutes les victimes du raz qui, remuées par la mer démontée et se trouvant ballottées sur le dos des vagues furieuses, demandent des secours qu'elles attendent depuis des ans, peut-être des siècles. Mais, pensez donc ! qui oserait porter secours même à des chrétiens, par des nuits pareilles.

quand tout est noir comme dans une chambre close et quand les
embruns des vagues montent jusqu'à la lanterne des phares, pour en
voiler la lumière ? Non, il n'y a rien d'aussi terrible que cela sur la terre.
Les plus hardis en tremblent, à l'abri dans les maisons. Songez aux
pauvres malheureux surpris au large par la bourrasque, que le vent
secoue, que la mer roule et qui, dans tout le tremblement, pensent à
ceux qui les attendent et qu'ils ne reverront plus !

« Il ventait déjà, dans la matinée, mais pas pour effrayer les solides. Il
paraît que la pêche est meilleure, dans ces occasions-là. Le père, qui
connaissait cela mieux que personne, avait aussitôt fait signe aux deux
garçons, tout son équipage, et les voilà partis, avec promesse de rentrer
à la marée du soir, pour ne point manquer la messe de minuit. Thérèse
et moi, qui restions seules à la maison, nous voulions les empêcher de
partir, car le vent prenait de la force, et les anciens, en observation sur
le bord, disaient que l'aspect n'avait rien de rassurant, et que, pour sûr,
on aurait un rude coup de tabac. Inutile ! L'amarre une fois larguée, la

BARFLEUR.

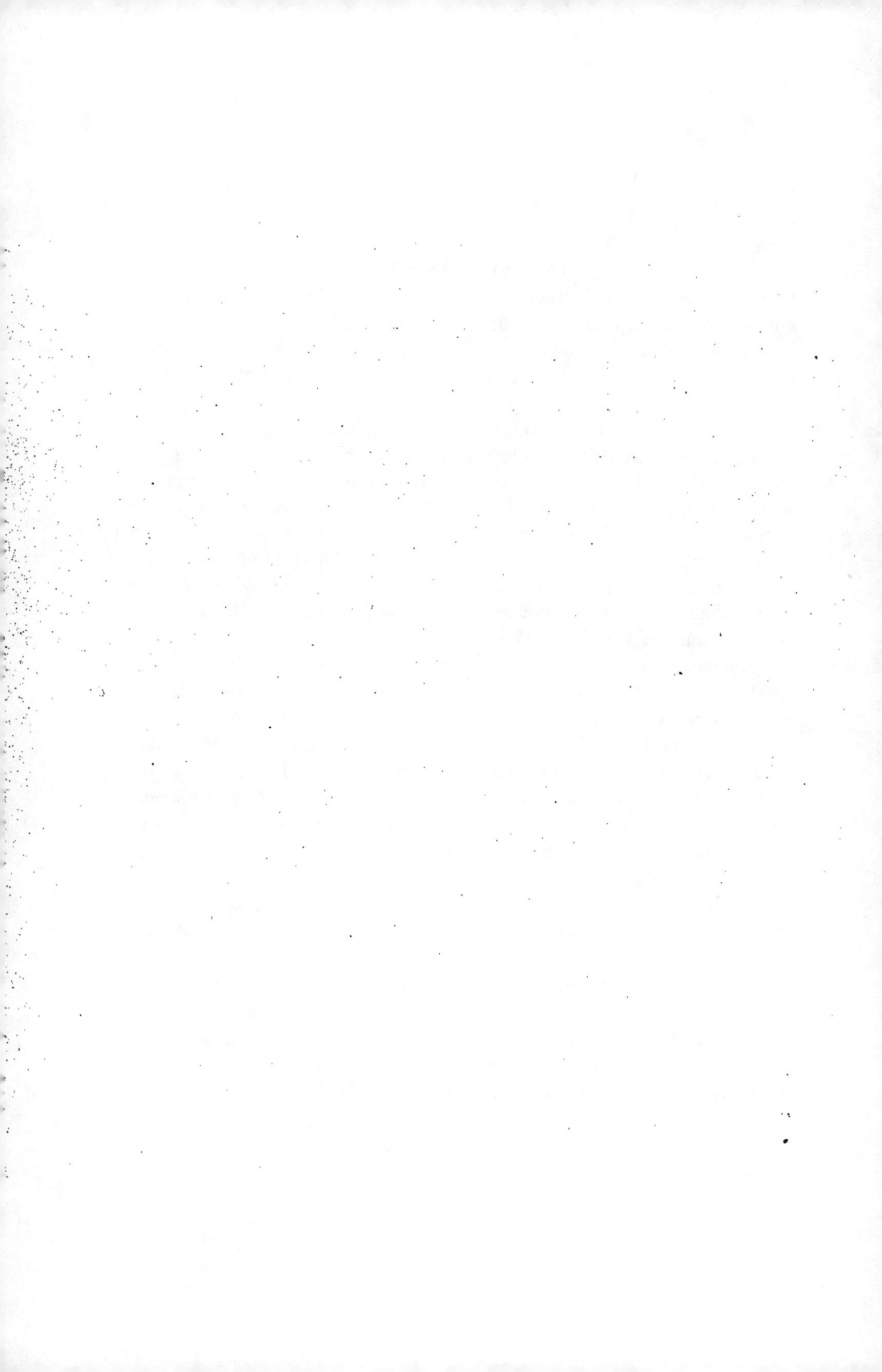

barque fila comme une flèche, et le père, les deux mains en porte-voix autour de ses lèvres, me criait, de toutes ses forces :

— Hé, petiote, n'oublie pas de mettre tes sabots dans l'âtre ; on ne sait pas ce qui peut arriver, et il y aura peut-être quelque chose.

« De le voir s'en aller si content, si résolu, cela nous rassurait un peu ; mais quand vint la nuit, avec la marée, pas de barque, rien que de l'écume arrachée à la mer par un vent terrible et qui tombait, en paquets, jusque sur l'abside de l'église de Barfleur. Non, jamais on n'avait vu pareille chose ! Jadis, il y a des siècles, la *Blanche-Nef* avait coulé là, par beau temps, avec ses passagers royaux, éventrée par un rocher à deux mille mètres de la grève. Qu'est-ce que pourrait faire, dans un pareil chaos, une pauvre petite barque, avec les trois malheureux qui la montaient, les trois nôtres ?

« Cependant la tempête allait toujours croissant et devenait si furieuse qu'il ne fallait pas même songer à rester dehors, et je me rappelle que de grands morceaux de nuages, disloqués par le vent, roulaient au ras des toits, avec une vitesse de cheval au galop. Parfois même ils se déchiraient en deux et la pleine lune apparaissait comme au fond d'un gouffre, avec la rapidité de l'éclair ; mais on avait eu le temps de voir la mer blanche jusqu'à l'horizon, comme un suaire immense. Allez donc distinguer une coquille de noix perdue dans ces montagnes d'écume, coulée au fond plutôt, car le plus solide des hauturiers n'y aurait pu tenir !

« Thérèse pleurait ; moi aussi, je m'en souviens comme d'hier, et ainsi pendant les premières longues heures de la nuit, jusqu'au moment où la messe fut annoncée par la cloche, dont les tintements ressemblaient bien plutôt à un glas. Sans mot dire, Thérèse prit sa mante et son livre de messe et me fit signe de la suivre. Moi, j'avais déjà mis mes sabots dans l'âtre et j'étais pieds nus. Ma foi, tant pis ! Thérèse n'en vit rien et je la suivis ainsi jusqu'à l'église. Quelque chose me disait que cela me porterait bonheur. Drôle de nuit de Noël, tout de même ! et comment le bon Dieu peut-il faire un temps pareil, quand tout le monde le fête !

« Comment arrivâmes-nous jusqu'à l'église? Je crois que nous y fûmes portées.

« Enfin, la messe finie, on regagna la maison. Thérèse avait tant prié, et moi donc! Mais la bourrasque n'avait pas diminué, au contraire. C'était un déchaînement, un vacarme épouvantable, comme si des millions de chiens hurlant ensemble eussent voulu se jeter sur la terre pour la dévorer, la réduire en morceaux. La maison était vide; et, dans la première pièce, nous vîmes, aux dernières lueurs de l'oribus, les trois lits où ne coucheraient plus jamais le père et les frères, dont on ne retrouverait rien sans doute, tout au plus les cadavres, au plein de la mer, la tourmente une fois apaisée.

« Thérèse, toujours muette, remua les rares tisons du foyer, et, s'agenouillant pour souffler dessus, de toutes ses forces, les ralluma tant bien que mal et se mit à réchauffer ses mains froides. Moi, j'avais les pieds presque gelés, mes dents s'entrechoquaient bien un peu les unes contre les autres, et je pensais à ceux qui devaient avoir bien plus froid encore,

couchés au plus profond de la mer, quand je jetai soudain un cri de surprise. Dans un de mes sabots, il y avait un morceau de papier, avec des
lettres dessus et qui brillaient comme de l'or, ou plutôt comme des
étoiles, une sorte de lumière pure et pâle, comme on n'en voit qu'au
ciel dans les belles nuits d'été.

« C'est pour le coup que mes doigts tremblèrent, et j'étais si émue, si
bouleversée que je n'osais approcher la main pour saisir la lettre mystérieuse :

— Thérèse, m'écriai-je, là, dans le sabot, qu'est-ce que cela veut dire ?
Lis donc ce qu'il y a d'écrit là-dessus, lis donc, Thérèse, toi qui es savante.

« Elle prit le papier, après avoir essuyé ses yeux qui ne cessaient pas de
pleurer depuis des heures, et n'eut pas besoin, pour le lire, de l'approcher
de l'oribus, car, à mesure qu'elle le déployait, les lettres brillaient
davantage, comme une vague phosphorescente, qui prend plus d'éclat
en se déroulant.

« Il n'y avait pourtant que neuf lettres, si étincelantes que je les
comptai, émerveillée ; et Thérèse prononça le mot :

— Espérance !

« Et en même temps, le papier, échappant à ses doigts, s'envolait par la
cheminée, comme aspiré par l'ouragan ; et quatre heures sonnaient à
l'église.

« Les heures, emportées par la bourrasque, m'entraient dans les
oreilles, comme un tocsin, et pourtant je me prenais à espérer, Thérèse
aussi, en présence de cet événement mystérieux.

« N'avait-on pas déjà vu, et souvent, des nuits de Noël miraculeuses ?

— Écoute, Thérèse, est-ce qu'on ne marche pas dans la rue ?

« Rien que l'éternel grondement de la rafale et soudain, le fracas d'un
volet qui, arraché de ses gonds, se brisait contre la muraille. Pourtant,
il m'avait bien semblé entendre un bruit de pas.

« Le fait est que Thérèse et moi nous n'y étions plus. Pensez donc ! ces
lettres de flamme qui venaient de s'en aller par la cheminée et qui étaient
venues se poser dans mes sabots, pas toutes seules, bien sûr !

18

— Thérèse, je te dis qu'on marche et qu'il y a plusieurs pas.

« Et voilà que la porte ouverte donne passage au père et aux deux frères
enveloppés dans leurs capotes cirées et qui se mirent à nous embrasser,
encore et encore ! Voyez-vous, mes enfants, arrivé à l'âge de Mathusalem,
on se rappellerait encore ces choses-là. Le saisissement était tel que
personne ne disait mot et que les hommes pleuraient maintenant toutes
les larmes de leur corps, pendant que nous avions les yeux secs, nous
deux Thérèse. Je me demandai même si ce n'étaient point des ombres.
Mais non, des ombres n'embrassent pas ainsi.

« Ce fut Thérèse qui, la première, retrouva la parole :

— Sauvés, dit-elle, sauvés, c'est un vrai miracle !

— Tu peux le dire, va, reprit aussitôt le père, et un fameux. Pas vrai,
vous autres ? Comment ça s'est-il fait ? Malin qui le saura. Tout ce que
je puis dire c'est que, roulés comme une toupie et poussés dans l'est
avec une vitesse dont on n'a pas d'idée, je sentis tout à coup comme une
main se posant sur la mienne qui tenait la barre ; et ce qu'il y a de plus
curieux, c'est que nous virâmes contre le vent, avec une facilité sans
pareille. Mais, vous comprenez bien que ces choses-là sont extraordinaires pour des marins, et je n'y vis que la fin de la fin. Alors hêlant les
deux gars : Ce n'est pas le tout, leur dis-je, il faut nous mettre en règle
et dire un mot de prière pour celles qui sont restées là-bas. Mais, au
milieu de la tourmente, des rugissements du vent, des montagnes d'eau
que l'ouragan roulait, en tous sens, autour de nous, voilà que je m'aperçus
que, sans la moindre secousse, la barque marchait vent debout, entraînée
par une force mystérieuse et nageant au milieu d'une sorte de nuage
lumineux. Pour sûr, me dis-je, les fillettes ont prié là-bas, et c'est le
bonhomme Noël qui fait des siennes, à leur intention. Ah, bien oui !
drôle de bonhomme Noël que celui qu'à la lueur d'un éclair j'aperçus, à
l'avant, la main sur l'étrave, vêtu d'une robe blanche et les cheveux sur
les épaules, avec une auréole autour du front une forme d'enfant qui
marchait sur l'eau, comme un pousse-caillou sur la terre ferme. Or, un
chacun sait qu'il n'y a que le bon Dieu pour faire de ces manœuvres-là,

et il faut croire que c'est lui qui nous aura traînés, dans le port de Saint-Vaast.

— Et nous en arrivons, par la traverse, au plus vite, ajouta-t-il, en nous disant : nous sommes sauvés, mais il faut penser aux petiotes qui nous croient perdus, et nous voilà. Quant à savoir comment nous nous en sommes tirés, sauf ce que j'ai dit, c'est plus difficile...

« Là-dessus Thérèse l'interrompit, pour dire :

— Les sabots de Marthe.

« Ils se levèrent tous trois et s'approchèrent, pour la regarder dans les yeux, la croyant folle. Mais elle leur raconta tout, et il fut admis tout de suite que celui qui avait sauvé la barque était le même qui, pendant la messe de minuit, avait glissé le papier lumineux dans un de mes sabots.

« Le lendemain, la tempête étant calmée ou à peu près, jugez de la stupéfaction de ceux qui nous virent, tous cinq, traverser le village et entrer dans l'église pour la messe de Noël. Tous les vieux matelots n'en revenaient pas et les questions pleuvaient :

— Revenus sans la barque ?

— Elle est là-bas, intacte, dans le port de Saint-Vaast, où nous sommes entrés, contre le vent, depuis les Veys.

— Le vieux Rouelle est fou, c'est sûr, répétaient quelques-uns ; on a vu bien des choses bizarres en mer, mais jamais un navire marchant contre le vent.

— Excepté quand le bon Dieu hale sur l'amarre, dit le père.

« A ces mots prononcés d'une voix ferme, tous les gens de mer se découvrirent. Il n'y eut que les sceptiques pour s'en aller, en souriant et pour dire que le patron Rouelle ne se mouchait pas du pied de se faire servir par un pareil matelot. Il y a toujours des malins qui ne savent rien de rien et qui haussent les épaules, quand on leur raconte ce qui dépasse leur entendement. Tant pis pour eux !

« Tout ce que je sais, c'est que le père est mort dans son lit, chargé d'ans, et sans avoir jamais embarqué, la veille de Noël, même par les plus beaux temps de la mer. Voilà soixante-cinq ans de cela, comme je vous le disais, et comme j'étais de beaucoup la plus jeune, je suis restée seule au monde, exprès pour vous conter des histoires. Mais j'ai gardé un

LOUBON

souvenir de cette nuit si pleine d'angoisses et ensuite d'allégresse, et puisque vous avez tenu votre promesse d'être sages, je vais vous le faire voir.

« Alors, la tante Marthe ouvrit son armoire, sa vieille et vaste armoire à

ferrures de cuivre et en tira un objet de forme cubique, enveloppé dans
une gaîne de velours rouge terni par le temps. Elle le posa sur la table
et enleva la couverture. Et que vîmes-nous? Dans une boîte de verre,
deux petits sabots d'enfant, tout en bois, sans brides, et de couleur jau-
nâtre, comme on en vend encore dans les marchés et les foires des environs. Tante Marthe jouissait de notre émerveillement, et quand elle crut
le moment venu de les renfermer de nouveau dans leur cachette :

— Vous comprenez bien, dit-elle, que personne depuis n'a jamais coulé
ses pieds dans ces chaussures-là. »

LA PÊCHE MIRACULEUSE

Dans le petit port de Saint-Vaast, tous les bateaux de pêche sont rentrés, amarrés le long du quai, pour la plupart, ou bien à l'ancre dans le milieu du chenal. A mer tout à fait basse et le port à sec, ils vont se coucher sur le flanc, dans la vase entassée, à moins que les patrons n'aient pris la précaution très sage de les munir de béquilles, comme des vieillards impotents.

Alors ils descendront insensiblement jusqu'au fond, à mesure que s'en ira l'eau salée, et quand il n'y aura plus une goutte d'eau, la barque, soutenue de chaque bord, enfoncera sa quille tout droit dans le limon du chenal. C'est le meilleur moyen, paraît-il, d'empêcher les bateaux de souffrir. Les choses et les objets ont souvent besoin de remèdes intelligents, comme les hommes.

Il souffle un tout petit vent du nord-est, de quoi rider à peine la surface de l'eau, mais piquant en diable. Les riverains ne se font point de bile pour si peu. Ils voudraient même un peu plus de brise, parce que plus le bateau fait de la route, plus la pêche est abondante.

C'est pour cela que nous disons, nous autres terriens, lorsque nous voyons les barques prendre la mer, quand il vente à tout rompre :

— Mais pourquoi donc ces gens-là sortent-ils, et quel diable les pousse?

Ils sortent tout simplement parce qu'il faut du pain à la maison, et qu'avant d'aller chez le boulanger, il est nécessaire d'arracher quelque menue monnaie au fond de l'eau, sous forme de poisson, le boulanger ne faisant généralement pas crédit aux gens qui, par la force des choses, vivent au jour le jour.

Mais, ce soir-là, on ne voit pas dehors un seul bateau de pêche. Aussi loin que la vue peut s'étendre, il n'y a rien sur la mer, pas le moindre morceau de toile. Elle se brise tout doucement au bord, et lèche, sans qu'il y paraisse, timidement, avec de petites bavures d'écume, les rochers couverts de varechs qui, de place en place, dressent leurs têtes noires et moussues. On dirait de gros squales immobiles dormant sur l'onde, et dont le corps augmente à mesure que la mer s'en va vers le large, pour revenir bientôt, avec la même indolence et la même torpeur.

Le tard se fait, et déjà, dans le ciel pâle, se montre un tout petit bout de lune frileuse, en forme de croissant, et, dans l'air limpide d'un beau soir d'hiver, on n'entend rien autre chose que le bruit des cloches qui sonnent en joie, au déclin du jour.

Les volées sonores arrivent de tous les points de l'horizon terrestre. C'est d'abord le triple carillon de la grande église de Saint-Vaast, puis celui de Quettehou, moins solennel ; la voix plus claire de la petite église de Morsalines, et enfin, timide, presque imperceptible, le soprano de la Pernelle, dans sa tour séculaire, là-bas, au sommet du coteau à pic, la vieille tour normande, bâtie si près du bord, qu'elle semble tout près de s'écrouler dans l'abîme.

Et alors, voilà les antiques fenêtres ogivales qui partout s'illuminent, plus brillantes à mesure que le jour s'éteint, et partout aussi, à droite, à gauche, et jusque dans la mer à la pointe de Tatihou et dans l'île ronde de Saint-Marcouf, les phares s'allument, si resplendissants que la lumière de leurs lanternes s'en va en fuseaux de toutes les couleurs jusqu'à l'horizon.

C'est la nuit de Noël, pendant laquelle les pêcheurs chôment. Dans le jour, avec la marée, ils sont allés tendre leurs nasses et établir leurs casiers ; et puis, le soir venu, c'est fini. Dans la masure, car la plupart de ces pauvres gens pour s'abriter n'ont pas autre chose que des masures, ils font la toilette des grandes journées pour la messe de minuit, jettent dans un coin suroîts et vêtements cirés, endossent une vareuse à demi neuve, souvent reprisée et rapiécée par la ménagère, coiffent la casquette vernie ou le bonnet de laine ; femmes et fillettes ajustent leurs atours de cérémonie, et, l'heure venue, chaussures et sabots ferrés résonnent sur le chemin durci par la gelée ; et, sur la route blanche comme une longue traînée de neige, les groupes en marche paraissent noirs comme des ombres chinoises.

Dans la maison propre et plus coquette du patron Thomas Larquemin, tout au bord de la baie de Morsalines, et si près de l'eau, quand la mer est pleine, qu'elle s'y mire tout entière par beau temps, et qu'elle en reçoit toutes les éclaboussures quand il vente, Mme Larquemin prépare le réveillon tandis que le patron se fait brave, et que, dans une encoignure qui lui sert de cabinet de toilette, la fraîche Suzette se pare pour la messe.

Elle est charmante, cette Suzette : dix-huit ans, quand viendra la Chandeleur ! et si accorte, la mine si éveillée, avec la double fossette de ses joues, les cheveux blonds si épais, et frisottant quand même, que tous les passants la regardent et s'entredisent que c'est la merveille du pays.

Mais elle est modeste Suzette, autant que jolie ! Et pourvu que les anciens soient au mieux dans leur cadre, c'est-à-dire dans leur lit, c'est tout ce qu'il lui faut.

Les compliments, c'est bon pour celles qui n'ont rien à faire et personne à soigner ! Quand il faut réparer les nasses, raccommoder les filets, rafistoler les casiers qui s'en vont d'usure, et voir, par surcroît, à ce que rien ne manque au logis, on a bien autre chose à faire et d'autres chats à fouetter.

Pendant ce temps-là, c'est-à-dire pendant que le patron frise ses cadenettes ou astique ses boucles d'oreilles en forme de bague et que Suzette peigne ses longs cheveux blonds, la ménagère bat, avec une activité sans pareille, un mélange de lait, de farine de sarrasin et de jaunes d'œufs, de quoi faire un vrai régal, au retour de la messe, quand il n'y aura plus qu'à faire sauter cela sur la tuile.

Larquemin s'en léchait les lèvres d'avance, et recommandait surtout de ne pas oublier l'eau pour le café.

Avec une bonne tournée d'eau-de-vie de cidre, il n'y a rien de tel qu'une

LA PERNELLE

demi-tasse pour réchauffer et ragaillardir les gens transis de froid. Et, tout en poursuivant sa besogne, il répétait :

— Ce n'est pas pour dire, mais nous allons faire une fameuse noce, hein ?

Cela lui plaisait, et rien que l'idée de lever le coude un peu plus que de coutume le mettait en liesse ; non qu'il fût, à vrai dire, coureur de cabarets, mais il n'avait point su, jusqu'alors, résister à l'entraînement, même depuis que son voisin Blaisot, dont le moulin avait bien failli jadis s'en aller en ruines et dans les vilaines mains des huissiers, s'était remis à la besogne et ne se grisait plus.

C'était là cependant un fameux exemple de prospérité ressuscitée grâce à la bonne conduite. Mais le vieux Blaisot était tout seul au monde et n'avait ni femme ni fille pour tenir la maison propre, avec du pain dans la huche et du cidre dans le tonneau, tandis que maître Larquemin, malgré ses écarts, ne trouvait jamais le vide au logis.

Alors, quand l'heure fut venue de s'en aller vers l'église embrasée déjà par la lueur des cierges, et qui carillonnait de plus belle, Mᵐᵉ Larquemin se mit à faire une bonne flambée, jeta sur le brasier de la charbonnette, puis de la braise, qu'elle recouvrit d'une couche de cendres, de façon à retrouver du feu en rentrant, pour la cuisine et aussi pour garder la maison un peu chaude ; puis on ferma la porte à double tour et l'on s'en alla gaiement échangeant des propos joyeux avec les connaissances que l'on rencontrait le long du chemin : Mᵐᵉ Larquemin, son gros paroissien à tranches dorées et recouvert de drap noir, comme c'est la coutume, hissé jusque sous l'aisselle, et Suzette au bras du patron, qui se redressait, je vous prie de le croire, comme si tout le pays eût fait la haie sur la route pour les voir passer.

Et pour faire des embarras, peut-être aussi pour taquiner un peu la bourgeoise, très assidue aux offices des dimanches et qui, lorsqu'il embarquait par temps dur lui glissait dans la poche de côté de sa vareuse de laine une médaille bénite, sans qu'il eût l'air de s'en apercevoir :

— C'est bien joli la messe de minuit, disait-il ; mais c'est surtout quand

M. le curé nous chante de nous en aller. *Ite, missa est!* Merci, Monsieur le curé! Sais-tu ce que cela signifie, Suzette, pendant la nuit de Noël? Eh bien, cela veut dire : mettez le cap à terre, et allez-vous-en bien vite faire bombance à la maison.

Et comme Mme Larquemin se récriait, en apparence très froissée, il poursuivait, en éclatant de rire :

— Pardieu! pas n'est besoin d'être savant comme un notaire, pour savoir le fin des choses, et M. le curé, content d'en être quitte, nous fait assavoir en latin qu'il va regagner son presbytère, et qu'il nous faut rentrer chacun chez nous, jusqu'à l'année prochaine.

Alors Suzette et la mère l'interrompaient, pour l'appeler vieil impie, et il en riait encore de tout son cœur, jusque sous la voûte du portail, tout grand ouvert malgré la froidure et où il demeura tout chose, presque aveuglé par l'embrasement de l'église, et surtout par une grande étoile éblouissante qui, au-dessus du maître-autel, flambait.

Maître Larquemin entendit la messe dans le plus grand recueillement et, le moment venu, chanta, comme les autres fidèles, à plein gosier, tout en pensant que là-bas, il n'y avait peut-être plus de feu sous la cendre et que la marée étant propice dès l'aube, il faudrait se dépêcher, et peut-être manger et boire trop vite, pour s'embarquer au bon moment.

Il ne fut guère rassuré à ce sujet qu'en voyant de loin, au retour, une lueur qui rougissait l'étroite et unique fenêtre de sa maison basse, toute noire partout ailleurs, et qui se détachait plus sombre sur le ciel clair de cette belle nuit d'hiver, pleine de scintillements d'étoiles.

Et il allongeait démesurément le pas, si bien que sa femme et Suzette avaient toutes les peines du monde à le suivre et s'accrochaient, pour le retenir, aux manches de sa vareuse, ce qui l'enchantait et lui faisait dire un tas de choses.

Mais voilà qu'à la porte même de la maison, un singulier spectacle les attendait. Couché en travers du seuil, un enfant s'allongeait, pauvrement vêtu d'une méchante blousette trouée, et la tignasse blonde ébouriffée jusque sur les yeux. Maître Larquemin, en penchant la tête, entendit même

UN ENFANT DORMAIT, COUCHÉ SUR LE SEUIL DE LA PORTE.

ses dents qui claquaient les unes contre les autres. Et, sans rien dire, il le saisit, le passa sous son bras robuste et, la porte ouverte par Suzette, entra avec son fardeau qu'il déposa tout du long sur la table.

Une fois la chandelle allumée et la porte close, les trois têtes s'approchèrent et virent un gamin d'une douzaine d'années, si frêle d'apparence et si blanc, qu'on eût dit un enfant de cire, comme on en voit dans les crèches de verre, avec une double tache toute rose aux joues, et des yeux bleus comme la mer, par un beau jour d'été.

Alors, pendant que Mme Larquemin activait la braise à demi consumée, Suzette entassa sur le petit corps inerte tout ce qu'il y avait de vêtements et de couvertures dans la maison. Il paraît même que c'était très suffisant, car presque aussitôt le petit, se dressant sur son séant, passa à plusieurs reprises les mains dans sa tignasse blonde dont les boucles retombèrent abondantes et frisées sur ses frêles épaules.

Il était charmant ainsi, si charmant même que Suzette ne se rappelait point en avoir vu de pareil, le long de la côte, jusqu'à Réville, et même plus loin, jusqu'à Barfleur même, où tant de polissons cachent leur joli visage sous des chevelures d'or emmêlées.

Soudain celui-ci, sans la moindre contrainte, et comme s'il eût été chez lui, sauta légèrement sur l'aire et s'en alla tout droit au buffet, et avec tant de crânerie, que maître Larquemin, qui n'en revenait pas, lui dit :

— Eh bien, ne nous gênons pas, l'ami, et faisons comme chez nous !

L'autre, un peu surpris, s'arrêta et se retourna, puis, avec un sourire aimable à l'adresse de Suzette :

— Excusez-moi, dit-il, je suis presque mort de faim.

Ce mort de froid de tout à l'heure qui maintenant mourait de faim, et qui marchait tout seul vers la huche, sans attendre l'invitation, parut si extraordinaire à Larquemin, qu'il l'interpella vivement :

— Ah ! çà, dit-il, d'où viens-tu donc, galopin, que tu ne connais pas les usages ?

— Je ne sais pas au juste, répondit le petit homme, mais de très loin, à coup sûr, et quand je suis tombé à votre porte, il y avait bien longtemps que je marchais. Mais j'attendrai tant qu'il vous plaira; tout ce que je vous demande, avant de me mettre quelque chose sous la dent, c'est de ne pas vous emporter. Il ne faut jamais se mettre en colère, et moins que jamais dans la nuit de Noël.

Alors il s'approcha de la cheminée, où Mme Larquemin se mettait à la besogne. La tuile était déjà sur le trépied, frottée et luisante, et lorsque la flamme embrasa les branchettes sèches entassées dessous, elle y jeta du beurre qui se mit à grésiller avec un bruit réjouissant, puis, d'un coup, une pleine tasse du mélange qu'elle avait si soigneusement préparé avant la messe de minuit.

— Allons, souffle, petit, et ferme; il faut bien que tu gagnes ton réveillon.

Et il souffla, avec une force telle qu'il était impossible de croire que cela sortît de ses maigres poumons.

Suzette, les yeux grands ouverts, le regardait; sa mère aussi, tout en faisant sauter la galette dorée. Le patron seul n'y prenait plus garde, parce qu'il était très occupé à verser, à petits coups, l'eau bouillante dans le filtre, sur le café, que pour la circonstance il avait acheté, dans la journée même, chez M. Leroy, la maison de confiance de Saint-Vaast, sur la place de la mairie.

Que voulez-vous, ce n'est pas tous les jours fête!

Et bientôt l'on se mit à table. Le patron et Suzette d'un côté, de l'autre Mme Larquemin et le petit. On mangea tant que l'on put, arrosant la bonne galette parfumée avec du cidre de l'année qui picotait agréablement le gosier et donnait envie de remplir la tasse aussitôt vidée. Et quand vint le moment du café, maître Larquemin se montra d'humeur plus accommodante.

Il versa lui-même dans les quatre tasses, et de si haut que la fumée embaumante emplissait le logis, et qu'on ne voyait plus rien à travers. Et tout aussitôt il s'en alla vers le buffet et s'en revint, avec une grande bouteille toute pleine d'eau-de-vie de cidre. Alors en la posant bruyamment sur la table :

— Voilà ce qu'il faut, dit-il, pour mettre du cœur au ventre avant de pousser au large et de lever les casiers.

Et il commençait par en verser sans compter, dans sa tasse, lorsque la main du petit s'allongea, en travers de la table, et se posa sur son bras :

— C'est assez, dit-il, patron, vous devriez savoir que ceci est mauvais et qu'il est toujours bon de s'arrêter à temps.

Quoi! ce moutard qui lui mesurait la ration, maintenant!

— Dis-moi donc, crapaud, si tu te mêlais de tes affaires?

Et il penchait de nouveau le goulot de la bouteille sur sa tasse, lorsque la petite main s'abattit encore sur son bras, et si lourdement qu'il en demeura tout penaud.

— Allons, dit-il d'un ton brutal, assez de bêtises; et si ça ne te plaît pas, voici la porte! Ce n'est pas moi, je suppose, qui suis allé te chercher.

Mais, sans qu'il pût opposer la moindre résistance, le blondinet lui arracha la fiole et la posa d'aplomb sur la table, hors de sa portée, regardant en plein visage le patron qui s'encolérait. Et ma foi! celui-ci, non sans grogner, fut obligé de baisser les yeux en répétant :

— Ah! c'est trop fort, c'est vraiment par trop fort!

Mais il n'avançait point le bras pour saisir la bouteille, et se contentait de protester sourdement. Mme Larquemin et Suzette en étaient abasourdies et dévoraient du regard ce petit bonhomme haut à peine comme une botte de mer, et qui parlait en maître, sans avoir l'air d'y toucher. Ce fut lui qui reprit le premier la parole :

— Non, dit-il, je n'aime pas les gens qui boivent, et je voudrais que tout ce poison fût au fond de la mer. D'abord, quand on a bu, on fait de mauvaise besogne, et chaque verre vidé est autant de pris sur la dot des filles et sur le bien-être de la maison.

— Ça, c'est vrai, interrompit maître Larquemin; mais l'habitude, vois-tu, mousse, ce n'est pas facile de rompre avec cela!

— Pourquoi? reprit l'autre; parce que tous les ivrognes sont des lâches, qui vendraient tout, leur honneur et leur maison, pour quelques petits verres.

20

Maître Larquemin baissa la tête ; mais ce furent sa femme et sa fille qui protestèrent.

— Je vous assure, dirent-elles ensemble, que nous n'avons pas à nous plaindre et que nous sommes heureuses ici.

Et ce qu'il y a d'étrange, c'est qu'elles ne s'étonnaient point de répondre sérieusement à ce traîne-misère qui leur imposait, et qui, tout mince et frêle qu'il était, leur semblait si grand, à cause du bon sens de ses propos.

— En vérité, reprit-il, il ne manquerait plus que cela ! Est-ce que vous croyez que si le patron n'était point un brave homme, je serais ici, à cette heure, pour lui faire la morale ? Il n'y a pas d'habitudes, ni de cabaret, ni d'amis qui tiennent, voyez-vous ; et tout ce que je puis vous dire, c'est que celui qui boit trop est un homme perdu et dont personne ne signera la feuille de route, quand il s'agira de passer dans l'autre monde.

Sapristi ! ça devenait grave ! Mais le patron voulut faire le hardi, malgré la gêne qui l'étreignait, et, se croisant les bras, d'un air important :

— C'est bon, dit-il, mais je voudrais bien savoir à quelle école tu as été pour parler un si beau langage ?

— Vous le voyez, maître Larquemin, c'est une école qui ne rapporte pas grand'chose, puisque j'ai été obligé de venir vous demander à souper. Et maintenant, si vous voulez nous allons songer à dormir, puisque vous devez embarquer de bonne heure ; et, si cela ne vous déplaît pas, j'embarquerai avec vous.

— A ton aise, dit maître Larquemin, puisqu'il faut faire tout ce que tu veux ; mais il n'y a pas de cadre pour toi dans la cambuse.

— Je dors partout, reprit le blondin ; et là, tenez, sur la table, la tête dans les bras. Au premier rayon, à travers la fenêtre, c'est moi qui vous réveille.

De l'entendre ainsi parler, si raisonnablement, Mme Larquemin et sa fille étaient bouleversées ; elles avaient presque peur. Bien sûr, ce n'était pas un enfant ordinaire !

Et ce qu'il y eut de plus bizarre, de plus inexplicable pour elles, lorsque la chandelle s'éteignit, entre le pouce et l'index mouillés de salive du patron, c'est qu'on y voyait clair dans la maison, sans qu'il fût possible de savoir d'où venait la lumière, la lune étant partie depuis longtemps déjà, derrière les coteaux de Morsalines et les bois du Rabey.

Aux toutes premières lueurs de l'aube, tout le monde était sur pied, et l'on partit, à l'exception de Mme Larquemin, qui s'en vint jusqu'au seuil et souhaita bonne pêche.

Le petit vent de nord-est était toujours piquant, et déjà l'on entendait le grondement sourd, presque endormi, de la marée montante.

On descendit sur la grève, le patron, Suzette et le gamin, à la hauteur du moulin du vieux Blaisot, dont le tic-tac était interrompu à cause de Noël, et l'on arriva, en quelques centaines de pas, près de la barque encore à demi couchée, mais que le flot remuait déjà, en faisant grincer ses bordages sur les galets.

Partout les phares étaient encore allumés, mais leur lumière, moins scintillante, pâlissait à mesure que l'horizon, du côté du levant, prenait des teintes plus claires; et déjà la tour massive de la Hougue, sur ses assises de terre, se dessinait en noir, de l'autre côté de la baie.

Maître Larquemin, à l'abri de l'eau dans ses bottes de mer, poussa au large, et quand la barque flotta, revint chercher Suzette d'abord, puis le petit; et quand ils furent installés commodément, il planta le mât, hissa la voile, fixa l'écoute au taquet et se mit à la barre.

Lorsqu'ils eurent doublé la pointe de la Hougue, ce qui ne fut pas long, maître Larquemin vira dans l'ouest. Il avait établi ses casiers là-bas, du côté de Réville, sur les rochers de Dranguet, mais au large, à un endroit où le roc baigne toujours, même lors du plus grand retrait des eaux.

Alors une chose extraordinaire se passa. Le petit, qui jusqu'alors avait laissé ses deux mains dans les mains de Suzette, se leva tout d'un coup, s'installa à l'avant, la tête penchée hors de la barque, et de temps en temps il allongeait la main droite, la plongeait dans l'eau salée et ramenait un poisson superbe, les doigts dans les ouïes, et, sans se retourner, jetait au fond du bateau tout ce qu'il y a de meilleur et de plus précieux dans la mer : les turbots presque ronds, les barbues plus ovales, qui, sur le tillac, donnaient de grands coups de queue, et les belles soles allongées, au ventre rosé, si épaisses et si longues qu'on n'en voit point de pareilles sur les tables souveraines.

Maître Larquemin demeurait tout ébahi, et Suzette presque effrayée. Qu'est-ce que cela voulait dire? Mais l'habitude du métier aidant, le patron se mit à arrimer, dans le fond de la barque, toutes ces pièces merveilleuses, qui ne cessaient pas d'y tomber, l'une après l'autre, chaque fois que le bras du petit, sortant de l'eau, lançait en arrière, quelque poisson monstrueux qui glissait sur les autres, en faisant des éclaboussures.

Enfin il y en eut assez, sous peine de couler bas, de quoi mettre l'aisance dans la maison, pour sûr, au moins pendant une année; une dot pour Suzette, peut-être, quand on aurait réalisé, en beaux écus sonnants, cette pêche miraculeuse, chez les demoiselles Fafin, les marchandes en gros de Saint-Vaast, qui expédiaient sur les grandes villes et jusque sur Paris.

Mais Suzette pensait à tout autre chose, les yeux fixés à l'avant, et ce qu'elle vit la rendit muette d'effroi, si muette qu'elle ne sut que mettre la main sur le bras du patron, et lui montrer du geste ce qui se passait à deux pas de lui, derrière les plis frissonnants de la voile.

Debout, le blondin grandissait à vue d'œil, et sa blousette trouée et déteinte se changeait en une belle robe blanche qui s'allongeait et s'élargissait en même temps que lui, et d'un éclat tel qu'elle brûlait le regard; et à mesure qu'il grandissait ainsi, sa forme devenait plus vaporeuse, et ses cheveux déroulés, ruisselants sur ses épaules, y faisaient comme une sorte d'auréole.

Il montait, il montait toujours. Sa tête dépassait maintenant la pomme du mât et l'on ne distinguait plus de sa physionomie que les deux yeux bleu de mer et l'ineffable sourire de ses lèvres. Enfin il n'eut plus guère que l'apparence d'un nuage de forme humaine; et lorsque les rayons du soleil levant jaillirent au-dessus de l'horizon comme des javelots de métal en fusion, il n'y avait plus rien, sur la mer, que la barque de maître Larquemin, glissant sur les eaux calmes, et, dans l'air, une petite nuée d'or, grande à peine comme le petit déguenillé, trouvé à la porte du logis, et qui se confondit bientôt avec l'embrasement matinal de la mer et du ciel.

Et, dans les premiers bruits qui venaient de terre, au lever du jour : meuglements de bétail dans les étables, bêlements de moutons dans les bergeries, fanfares de coqs qui se répondent, aboiements de chiens dans les cours de ferme, sonneries de cloches dans les églises, et jusque dans les frissonnements de la voile, le patron et Suzette reconnurent une voix qui disait :

« Souvenez-vous qu'il y a toujours un bon Dieu pour les filles sages et pour les braves gens ! »

TABLE DES MATIÈRES

1155-88. — CORBEIL. Imprimerie CRÉTÉ.

LOUBON

CORBEIL. Imprimerie CRÉTÉ.

www.ingramcontent.com/pod-product-compliance
Lightning Source LLC
Chambersburg PA
CBHW052357090426
42739CB00011B/2406